신경옥이 사는 법

집 그리고 옷

먹고사는 즐거움

가족과 이웃

나이 들어간다는 것

그 여자의 바느질

이상한 취미

엄마와 딸·엄마와 아들

기운 나는 놀이들

꽃·꽃·꽃…

꽃만 같아라   人生

申 敬 玉

F book

VOLUME. 2

신경옥이

사는

법

WELCOME

『F·book』 그 두번째 이야기는 신경옥입니다

WHO IS IT?

겨우 요것 달았어? / 최선이었어요. / … 그랬구나… 몰랐어. 미안해!

어느 날, 별다른 사건도 없는데 괜히 삶이 막막해지던 어떤 날. 판화가 이철수 선생의 '가난한 머루송이에게'라는 글그림을 보다가 아주 잠시 울보 놀이를 했습니다. 괜히 눈물이 찔끔, 그러데요. 실하지 않은 머루송이. 옹골차게 품고 있어야 마땅했을 알맹이들을 홀홀 잃고 말아 헐렁해진 머루 한 송이. 그 녀석을 탓하자 이렇게 대답하죠. 그렇게밖에 할 수 없었다고. 그것이 최선이었다고.

어쩐지 그 아이가 우리들, 우리 여자들의 인생 같다 싶었습니다. 한 알도 놓치지 않고 단단하게 살고 싶은 인생 말입니다. 몸도 또한 마음도, 부자로 살고 싶지 않은 이가 있을까요. 다들 그렇게 단단히 여문 알맹이를 매달고 튼실하게 한 인생 살아내고 싶은 걸요. 남편에게는 참 지혜로운 아내로, 아이에게는 더없이 정다운 엄마로, 부모님들께는 알토란 같이 여문 자식으로 그렇게 살고 싶잖아요. 그래서 이토록 폼 나게 살고 있는 내가 참 대견하다 싶은, 그런 인생이면 하니까요.

하지만, 처음 품은 뜻 그대로 살아내지는 못했어도 우리는 언제나 최선이었습니다. 사실은 지금도 최선을 다해 살고 있습니다. 당신도, 저도 그리고 신경옥이라는… 이 책의 주인공이 된 한 여자도.

네. 두 번째 『F·book』은 당신을 닮은 듯, 당신의 삶을 닮은 듯 살아가고 있는 한 여자의 이야기로 채우려고 합니다. 그 여자의 이름은 신경옥입니다. 그녀는 사실 별스러울 것도 없고, 유독 앞장설 일도 없이 조용하게 살고 있는 여자입니다. 아내로, 엄마로, 또 누군가의 자식으로 그리고 담담하게 나이 들어가는 한 여자로 말입니다.

에프북에서 제일 구닥다리이고 나이 많은 저, 김수경은 그녀를 '언니'라 부르고, 에프북의 에디터로 사는 아직 젊고 혈기 왕성한 저희 아이들은 그녀를 '선생님'이라고 부릅니다. 저희들은 그녀를 참 좋아합니다. 닮고 싶은 여자여서 그렇습니다. 그래서 우리가 알고 있는 그녀를 당신에게도 보여주고 싶었습니다. 우리가 좋아하는 그 여자를 당신도 분명히 사랑하게 될 거라는 믿음. 그 마음으로 책 한 권을 올곧이, 한 여자의 인생으로 채우기 시작했습니다. 참 겁도 없이 말입니다.

신경옥은 『작은 집이 좋아』의 저자입니다

Why her?

신경옥이 누군데? 뭐 하는 사람인데? / 대단한 사람인가? / 난 그 여자 모르는데!
어쩌면 이렇게 생각하실 수도 있겠습니다. 그래서 말씀입니다만, 신경옥은 베스트셀러라 칭하기에 부끄럽지 않은 책 『작은 집이 좋아』의 저자입니다. 수년 동안 잘 팔렸고, 지금도 꾸준히 팔리고 있으니 그렇습니다. 그 책 『작은 집이 좋아』는… 저희들이 만들었습니다. 자랑하냐고요? 하하하! 네, 대놓고 자랑입니다.

작은 집 고쳐낸 노하우들을 쏠쏠하게 담아 놓은 그 책은 예상치도 않게 폭발적인 반응을 끌어냈습니다. 그런데 이상한 게 사람들이 인테리어 책을 보면서 위안을 얻는다 했습니다. 눈물이 났다고도 하고, 희망이 되었다고도 했지요.

책 속에 '진짜'가 담겨 있기 때문일 거라고 생각했습니다. 독자들이 그 진짜를 보아준 거지요. 작은 집에 사는 보통 사람들의 마음을 제대로 짚어낸 그 핵심이 바로 신경옥의 진정성이라는 것. 그것을 잘 알고 있으니까요. 작은 행복을 아끼고 귀히 여길 줄 아는 마음, 작은 것에 감사할 줄 아는 그런 소박함 같은 것.

하지만 『작은 집이 좋아』는 그녀가 고친 여러 집들을 묶어놓은 인테리어 책이었고, 그래서 그 여자의 진짜 멋진 모습들은 담을 수 없었습니다. 작은 항아리 같은 인생 속에 차곡차곡 쟁여둔 그녀의 삶이 얼마나 밀도 있고, 쫀득하게 맛이 들었는지를 다 보여드리시지 못했던 게 못내 아쉬웠습니다. 그렇게 아쉬운 마음 접어둔 채 몇 해를 묵히고, 또 묵히다가 기어이 칼을 뽑았죠.

"언니, 우리가 언니 책을 낼 거야. 무조건 낼 거야. 그러니까 암말 마! 싫다 좋다 입도 떼지 말고 꿰다 놓은 보릿자루처럼 가만히 있어. 알았지?"

협박이었습니다. 뭐 좀 하자고 하면 안 한다고 하니까요. 부끄럽다 하고, 할 얘기가 없다 하고… 그래서 으름장 놓으며 협박할 수밖에 없었다지요.

잘한 일인지는 모르겠습니다. 신경옥이라는 한 여자 인생을 덜컥 책으로 묶어낸 이유, 그 세밀한 속내를 독자들이 다 알고 반겨줄지도 잘 모르겠습니다. 하지만 에프북 여자들의 감을 믿고 이 책을 끝까지 다 보아주셨으면 하고 바랍니다. 그 말씀밖에는 딱히 뭐… 더 드릴 것이 없습니다.

왜 그런지 좀 무서워 보이지만…

천진난만한 60세? 아니, 만 59세의 여자

참 좋은 언니 /

언니, 이제 시작해 보자/

이 책은 멋진 여자로 나이 들어가기 위한 연습장입니다

꿈을 갉아먹으면서 어른이 되는 거라고 했습니다. 나이를 먹을수록 꿈의 무게가 줄어드는 것도 그래서라고. 그러니 나이가 깊어지면 꿈은 사라지는 거라고 생각했습니다. 풍덩풍덩 낭비하며 시간을 좀먹어도 괜찮은 때가 아니잖아요. 나이가 든다는 것은 남은 날이 점점 줄어들고 있다는 뜻이니까요. 그러니 그저 하루하루 꼭꼭 씹어 삼키면서 과하지 않게, 체하지 않게 사는 것. 그러면 그만이지 더 이상 새 꿈 품으면서 욕심낼 일이 무어 있을까, 했던 거지요.

하지만 그건 난 체하는 생각이었습니다. 나이가 들어서, 결혼을 해서, 누군가의 엄마가 되어서, 어느 한때 꾸었던 간절한 꿈 같은 것은 다 잊힌 지 오래여서… 그래서 꿈이 없는 거라고 누가 그러던가요. 묵은 꿈이 엷어진 자리에서 새 꿈이 돋아나는 인생의 진리. 그것을 함부로 얕잡아볼 일은 아니었던 거지요.

멋지게 나이 들어간다는 것. 저희들은 요즘 이것에 대해 깊이 생각하고 또 꿈을 꿉니다. 여기에서의 '멋지게'란 단순히 한두 가지의 모습만을 꼬집어 말하는 것은 아닙니다. 지구본처럼 둥글둥글한 인생살이를 두루 잘 견뎌내어 달게, 맞춤으로 익은 열매 같은 모습이라고 해야 좋을까요?

저 여자 참 멋지다, 저 할머니 정말 곱다, 진짜 어른이다… 이렇게 감탄이 흘러나오는 여자들을 만나면 그래서 가슴이 뜁니다. 닮고 싶어서요. 나도 그들처럼 언젠가는 꼭 그렇게 빛나는 한 사람으로 서고 싶어서.

신경옥의 나날들에서 곧잘, 별빛 같은 총기를 만납니다. 먹고, 입고, 집 가꾸고, 살림 꾸려가는 손맛들에서 뭘 좀 아는 여자의 기운이 묻어납니다. 자식 키워내고, 남편 어깨 세워주고, 벗들과 정 나누는 품이 뜨듯해서 정겹기도 하지요. 그런데 그 무엇보다 엄지 번쩍 들어주고 싶은 것은 나다움을 잃지 않고 한 발씩, 억지 쓰지 않고 차근차근 나이 들어가는 모습입니다.

"언니, 몇 살이야?"
"몰라. 나, 몇 살이니?"
"가만 있어 보자… 어머! 언니 60살 됐는데? 육순이네, 육순."
"얘가 왜 이래? 나한테 왜 그래? 내가 무슨 60살이라는 거야? 그럴 리가 없지!"

나이 놓고 티격태격하다가 만 59살의 여자로 정리하기로 했습니다. 59살이나 60살이나, 메주나 된장이나, 밥이나 떡이나… 뭐 별 차이야 있을까 싶지만, 그래도 본인이 그토록 강력하게 주장하니 신경옥은 아직 육십 고개를 다 오르지는 않은 창창한 여자인 걸로! 그렇게 하는 걸로!

그렇겠죠. 언젠가는 우리들에게도 그 나이가 오겠죠. 어영부영 서른을 맞고, 마흔이 되고, 기어이 쉰이 오듯이 그녀만큼의 나이를 먹어 방실방실해지는 때가 오고야 말겠죠. 그러니 그때를 대비해서 맛있게 나이 드는 연습 좀 한다, 치십시다. 아니, 그때를 향해 가는 '오늘'을 조금 더 맛깔스럽게 살아보기 위해서라고 생각하는 것도 좋겠습니다. 이 책은 그런 마음으로 곁에 두셨으면, 싶습니다.

책 만드는 행복한 사람들, 에프북 일동

CONTENTS

04 welcome
14 BEHIND STORY
20 TALK TABLE 신경옥을 인터뷰하다

신경옥의 집

28 LETTER 1 신경옥입니다
30 거실입니다만 사실 꼭 그렇지마는 않습니다
50 부엌이 붐비는 집이 잘되는 집이라고들 하대요
60 한나의 방에는 구멍 뚫린 벽이 있습니다
76 LETTER 2 신경옥 씨의 딸, 김한나입니다
78 엄마와 딸, 두 여자의 작업실로 갑니다
86 관우의 방에는 정말 별거 없습니다
92 민망합니다만, 우리 부부 침실입니다
98 두 개의 욕실 그리고 두 개의 인생

신경옥의 옷

112 LETTER 3 〈에프북〉 김연입니다
116 스스로 지어 입는 신경옥 스타일 가정식 맞춤 옷
128 신경옥이 애정하는 배기바지+@
138 신경옥이 꾸미는 법
140 LETTER 4 또 신경옥입니다
142 딸을 위해 준비한 엄마의 리폼 플레이
148 LETTER 5 〈에프북〉 김수경입니다
150 아주 사소한 디테일을 즐기는
     나의 스카프 퍼레이드
154 아주 납작한 디테일을 사랑하는
     나의 신발 퍼레이드

신경옥에게 산다는 것

164 LETTER 6 다시 신경옥입니다
168 병, 병, 유리병! 이 병들 다 어떡할래?
176 이날은 딸이 상을 차렸다
178 요날은 엄마가 상을 차렸다
180 비주얼을 따지는 딸아이의 상차림 2탄
190 신경옥 스타일 핸드메이드 스토리
200 내 인생의 작은 쉼표, 두 편의 여행
208 오늘은 시장 가는 날
220 시간 여행을 하고 싶은 날엔 북촌으로 간다

224 LETTER 7 신경옥의 끝인사입니다
226 TALK & JOY
232 SEE YOU

女子, 한 권의

책이 되다

申敬玉
그 여자가 사는 법

2013 / 09 / 25 / PM 4:30 / F·book Office

BEHIND STORY

어느 날, 신경옥 씨 모녀를 에프북 사무실로 유인하다

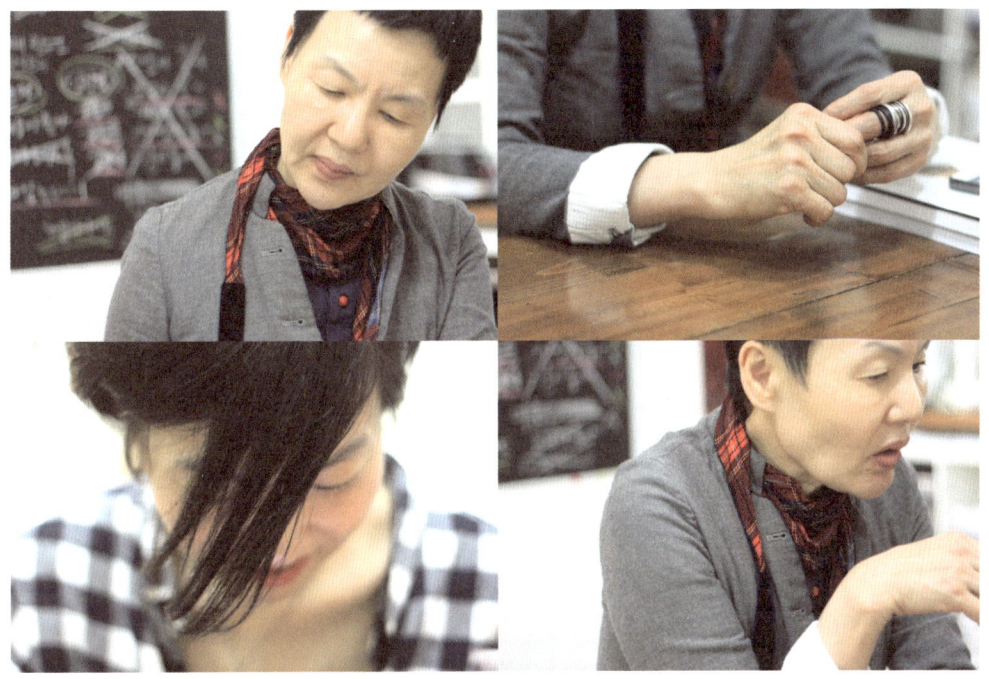

'신경옥'이라는 주제로 책 한 권을 묶겠다고 하자, 그 여자가 콧방귀를 뀝니다. 이건 또 무슨 쌀 팔아 고기 사먹겠다는 소리인가, 하는 얼굴로 웃습니다. 하도 비웃기에 그녀를 저희 사무실로 초대했지요. 일단 만나서 이야기하자고 꼬드긴 참이었습니다. 갓 나와 따끈따끈한 『F·book』 1호를 보여주면서 '예쁘지? 예쁘지?' 하고 바람을 잡아보았습니다. '서른 넘어 옷 입기'라는 주제를 가진 『F·book』 첫 호가 나온 지 얼마 지나지 않아서였으니까요. 바로 그 『F·book』의 두 번째 책은 신경옥 이야기로 꾸며보 겠다며 야심을 품고 있던 참이었으니까요. 그런데 그녀는 무슨 말인지 통 못 알아듣습니다. 안 하겠답 니다. 보여줄 것도 없고, 할 말도 없다고. 우리의 지원군이 되어줄 김한나(신경옥 씨의 딸) 양이 옆에서 살살 거들었습니다만, 반응은 시큰둥합니다. 아, 진짜! 이 언니가 원래 이렇게 어렵고 까다로운 사람이 었나? 하면서 슬슬 부아가 치밀어 오릅니다. 이 책 꼭 내고 싶은데… 하면서 안달이 났습니다. 어떻게 설득하지? 고심하다 보니 창밖이 어둑어둑. 밥때가 된 모양입니다. 하여, 장소를 옮겨보기로 합니다.

2013 / 09 / 25 / PM 7:00 / Draft House

저녁 7시 무렵, 술과 밥이 같이 있는 주점으로 갔습니다. 눈치 빠른 에프북 식구들과 포북출판사 두 대표는 인생 뭐 있나, 좋은 사람들과 맛있는 거 나눠 먹고 한껏 웃다 가면 그만이지… 하면서 바람을 잡습니다. "언니, 살림하고 아이 키우느라 지친 여자들 좀 알아주고, 마음 다독여주는 책 만들고 싶어. 같이 하자. 응?" 그 말에 그녀가 웃었습니다. 그 웃음이 따뜻합니다. "밖에 나가 돈 버는 남자들한테도 희망은 없다, 너. 그냥 열심히 사는 거야. 방법이 없으니까. 안 그래?" 그녀의 말이 맞습니다. 열심히 사는 것밖에 도리가 없는 하루하루를 삽니다. 그런데도 그녀가 조금 달라 보이는 건 열심을 다해서 '재미있게' 사는 방법을 아는 것만 같기 때문입니다. 우리는 결국 재미있게 사는 방법을 이야기하는 책, 그런 책을 만들어보기로 의기투합했습니다. 아이고! 고래 힘줄 같은 여인네 설득하느라 수다가 길었더니 입이 얼얼해졌습니다. 그래도 기분이 참 좋습니다. 술 한 잔에 머릿속이 말랑해지니 좋고, 긴 수다에 무거웠던 인생이 괜히 만만하게 여겨지니 좋습니다. 그럼 이제 시작해 보겠습니다. 신경옥의 여자 이야기, 달고 쓰고 곰삭아 정이 깃든 인생 이야기 말입니다.

딱 한 잔씩, 시원하게 생맥주! 술김에 떼써서 출간을 결정하다

꽃보다 여자… 여자가 좋아!
여자들의 인생에 대한 수수한 기록이 시작됩니다

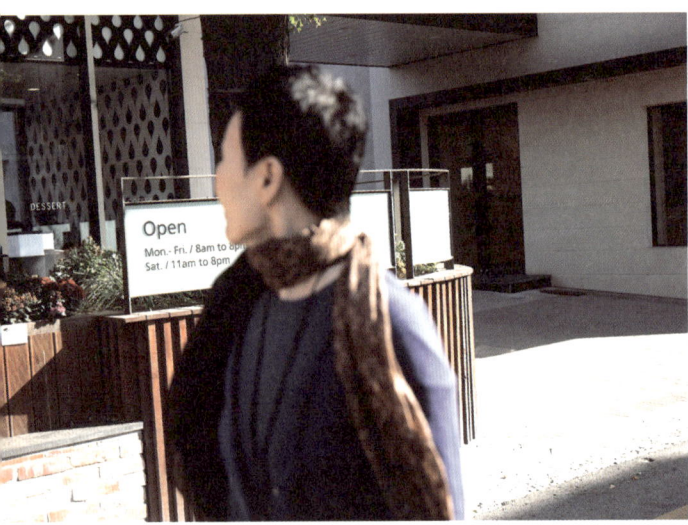

TALK TABLE

그 여자와 20년 넘게 '언니 동생' 하는 에프북 김수경,

신경옥을
인터뷰하다

이제 막 가을이 당도해서 반질반질 윤이 나는 그 오후는 누군가와 마주앉아 사는 이야기를 나누기에 딱 좋은 때였습니다. 사실 말이 인터뷰지 인터뷰는 개뿔, 그냥 만난 겁니다. 생각해 보세요. 스물 몇 해를 찬밥 더운밥 가리지 않고 만나서 뒹굴었는데 갑자기 작정하고 인터뷰가 되겠어요? 지나가던 고양이가 웃을 일이지요. '언니, 뭐 해?' 묻다가 '볼까?' 하고는 괜히 만난 거예요. 집에서 입던 옷 그냥 입고, 운동화 찍찍 끌고서 그렇게요.

시장에 다녀오는 길이라 했습니다. 참! 그 여자는 시장 좋아합니다. 그것도 재래시장이나 구제시장, 벼룩시장 같은 데만 골라 다닙니다. 백화점 구경 못해 본 지가 10년도 넘었다고 하대요. 그녀에게 백화점이란 '하나 예쁘지도 않은 것들을 엄청 비싸게 파는' 비호감의 장소이더군요. 그날도 아마 그러저러한 시장 순례를 했던 모양입니다.

뭐 샀어? 하면서 퐁 뛰어올라 큼지막한 비닐 봉투를 뒤적여보았습니다. 그릇 있고, 양말 있고, 옷가지도 몇 벌 들어 있고 그렇데요. 그중에 그릇이 딱, 눈에 들어왔습니다. 어디 가서 살래야 살 수도 없는 옛날 종지며 밥그릇, 국그릇 같은 것들이었는데 한 개 2천원씩 주고 샀답니다. "정말? 이거 전부 다 나 주면 안 돼?" 하고 반색했더니 "그러든가" 합니다. 두 번도 생각 안 하고 옜다, 하면서 다 줍니다. 예나 지금이나 하여튼 인심 하나는 끝내주는 사람입니다.

의문 1 신경옥은 태생이 안달복달하지 않는 스타일이다?

김 : 언니는 뭘 그렇게 숭덩숭덩 주냐? 사람이 욕심이 없어요, 욕심이. 새로 산 그릇도 그냥 막 주고 그러나?

신 : 하이고, 참… (웃음) 그냥 좋으면 좋다 그래라, 야.

김 : 진짜야, 언니. 나는 언니 볼 때마다 생각해. 사람이 뭘 저렇게까지 욕심이 없을까. 탐내는 것도 없고, 안달복달도 없고, 걱정도 없어 보이고.

신 : 그래? 내가 그랬나? 나 그럼 진짜 괜찮은 사람인 거 아니야?

김 : 그러게 말이야. 젤 신기했던 건… 그런데도 언제나 뭐든 술술 풀리는 것 같더라는 게지.

신 : 술술 풀리기는! 진짜 말도 안 된다. 나도 나름 힘들게 살았어, 얘.

김 : 아냐, 아냐. 그만하면 언니 인생은 구렁이 담 넘듯 훌렁훌렁 그랬던 거 같아. 혹시 그거 생각나? 옛날에 언니 사는 빌라 재건축할 때 말이야. 제비뽑기로 층수 정한다고 다들 로열층, 로열층 그러면서 기대하고 걱정할 때 언니 혼자 뒷짐 지고 호떡집 불구경하듯 했어.

신 : 아! 그래. 그때 그랬지. 근데 너 기억력 끝내준다.

김 : 그때 언니가 딱 로열층에 당첨이었어. 언니도 그랬잖아. 정말 신기하다고.

신 : 맞아. 그랬어. 그런데 그런 게 뭐 안달하고 걱정한다고 되는 일이던? 그냥 어찌 되겠지, 하는 거지. 잘 되면 좋고, 아니어도 할 수 없고. 도리가 없는 거지.

김 : 사실 애들 키우는 것도 그랬어. 나는 언니가 애들 교육시킨다고 다른 엄마들처럼 애쓰는 걸 본 적이 없다, 진짜. 돌볼 가족 없는 싱글처럼 딱 그래 보였거든. 그런데도 술술 걱정 없이 잘 자라주고. 하여튼 복 받은 여자야. 욕심 안 내니까 복 주시는 건가?

신 : 아냐, 얘. 나도 사람인데 욕심이 왜 없겠니. 그런데 살다보니까 말이다. 그 욕심이라는 게 정말이지 아무 짝에도 쓸모가 없더라는 거지. 열심히 탐낸다고 다 가질 수 있다면 탐냈겠지. 하지만 그렇지 않으니까. 욕심낼수록 나만 점점 더 구차해지잖아. 그래서 나는 더 달라고 하지 않고, 더 가졌으면 하지도 않고, 그냥 가진 거나 뺏기지 말고 귀하게 여겨야겠다, 그랬던 거지. 그러면서 괜히 있는 척하고 살았던 거야. 남부러울 거 없이 살았던 게 아니라니까. 그런데 재밌는 건 그렇게 생각하기 시작하니까 진짜 부러운 게 없더라. 부러우면 또 뭐 어쩔 거야? 부러우면 지는 건데.

김 : 맞다. 부러우면 지는 거랬지. 그런데 나는 20년이 넘도록 계속 언니가 부러우니까 도대체 언니를 이길 재주가 없겠네. 으흐흐.

신 : 아이고, 참! 나는 다른 건 하나 안 부러운데 니가 부럽다. 글 쓰고, 책 만들고 그러면서 사는 게 부럽더만!

의문 2 신경옥은 규칙 없이 사는 게 규칙이다! 정말이야?

김 : 언니 그거 알아? 우리 세계에서는 언니를 천재라고 부른다는 거.

신 : 하하하! 진짜야? 왜? 내가 왜 천재라는 거야? 살다 살다 별 소리를 다 듣는다.

김 : 그게 왜 그러냐면 언니는 도무지 규칙이라는 게 없잖아. 아무렇게나 막 하는 거 같은데 끝까지 가면 그게 꼭 작품이 되잖아.

신 : 어머! 너 웃긴다. 나 아무렇게나 하지 않아, 얘!

김 : 아니 그러니까 내 말은… 그렇게 보인다는 거지.

신 : 그래?… 좋은 말인지 나쁜 말인지 모르겠는데?

김 : 들어봐. 몇 해 전에 언니가 우리 사무실 고쳐줄 때 말이야. 우리 후배들은 언니가 무슨 도면 같은 거 보여주고, 컬러도 미리 정해서 상의하고 그러는 줄 알았대. 왜 텔레비전 같은 데 보면 인테리어 디자이너들이 다 그렇게 하잖아. 그런데 언니는 그냥 슬슬 돌아보면서 "창문 뜯어" 그러고, "벽 뚫어" 그랬어. 그래서 이 언니가 남의 사무실 다 망칠 건가? 싶었지. 그뿐이야? 벽에 무슨 색깔 칠할 건데? 물었더니 잡지 뒤적거리다가 광고 페이지 하나 쭉 찢어서 "이 색깔 좋네, 이거 해!" 그랬잖아.

신 : 하하하하! 너 흉내 잘 낸다. 근데… 그게 뭐? 이상한가?

김 : 에이, 이상하지. 다른 인테리어 디자이너들은 그렇게 안 해. 딱 각이 나오게 착착착 준비해서 미팅에 임하지. 사실, 언니한테 집 고치고 싶다고 우리 사무실로 엄청나게 문의가 들어왔거든. 그런데 연결시키기가 어려웠어.

신 : 네가 무슨 얘기하려고 하는지 알겠다. 독자들이 나를 만나면 실망할까 봐 못 했다는 거지?

김 : 빙고! 언니가 만지면 분명히 깜짝 놀랄 결과를 보게 될 거라는 확신은 있어. 그러니까 천재라는 거지. 그런데 상식선의 규칙 같은 걸 아예 무시하는 사람이니까 걱정이 될 수밖에. 게다가 처음 만난 사람들은 전부 다 언니를 무서워하잖아. 잡지사 기자들도 다 언니한테 벌벌 떨었잖아. 뭐라 그러는 것도 아닌데 괜히 그랬어. 그치?

신 : 하하하하하! 그래, 그랬어. 전화 걸어서 "거기, 신경옥 선생님 댁이죠?" 그래 놓고는 내가 "네" 그러면 그냥 뚝 끊고 그랬다니까. 왜들 그랬는지 몰라. 이상해.

김 : 으이그, 뭘 이상해. 언니가 무서운 목소리로 '네' 그러니까 끊는 거지. "그래, 내가 신경옥이다. 어쩔래?" 이런 투로 대답하는데 안 무섭겠어?

신 : 푸하하! 너 웃긴다. 그런데 나 그런 뜻 아니야, 얘. 한 번도 그런 적 없어.

김 : 알아. 그런 뜻 아닌 거 아는데 꼭 그렇게 들린다니까. 괜히 어색하니까 처음 대하는 사람들한테 무뚝뚝하게 그러는 건데, 그런 언니 성격을 사람들이 알 리가 있나? 혹시 요즘도 그래?

신 : 몰라. 그러겠지, 뭐. 지 버릇 남 주겠냐? 근데 우리 무슨 얘기하다가 여기로 샜지?

김 : 아! 언니가 천재라는 얘기, 그런데 도무지 규칙이 없다는 얘기, 사실은 그러니까 천재라고 한다는… 그런 거?

신 : 얘, 그런데 말이야. 규칙 같은 게 중요한 거니? 곧장 가든, 모로 가든 행복한 결과가 나오면 되는 거 아냐? 어떻게 하겠다, 어떻게 살겠다 하는 게 머릿속에 딱 있는데 굳이 남한테 보이기 위해서 규칙을 만들 필요가 있나? 나는 그냥 머리랑 가슴이 시키는 대로 살아. 누가 뭐라 그러든 말든 그런 게 뭐가 중요하다는 건지 모르겠다니까. 나는 사실 계획도 별로 없어. 언제나 순간순간 가장 나답게 생각하고 결정하는 거지.

의문 3 신경옥은 사실 인테리어보다 패션에 더 관심이 많았다?

김 : 하긴… 작정하고 계획을 세운다고 해서 그대로 되는 건 아니더라. 그러고 보니까 언니도 처음부터 인테리어 디자인을 하겠다고 마음먹었던 건 아니지 않아?

신 : 나는 진짜 무계획이 계획인 사람이라니까. 뭐가 되겠다, 그런 꿈을 꾼 적도 없는 것 같아. 좋아서 한 거야. 재밌어서. 그러다 보니까 자연스럽게 그쪽으로 길이 열리던 걸. 너도 알잖아. 결혼하고 한동안 나도 그냥 살림만 하는 전업주부였어. 그냥 애들 키우면서 살았지.

김 : 맞다. 그랬지. 그런데 혹시 불안하지는 않았어? 아무것도 하지 않고 살림만 하면서 살다 보면 왠지 좀 허무하잖아. 나도 결혼하고 한동안 살림만 했었는데 그때 참 우울했거든. 일하는 여자들 보면 한없이 부럽고.

신 : 아니, 그런 생각은 안 했어. 그럴 짬도 없었지. 하루 종일 꼬물거리면서 가구 배치 바꾸고, 페인트칠 새로 하고, 소품 만들고 그랬으니까.

김 : 바느질하고!

신 : 맞다! 바느질하고!

김 : 참! 언니 결혼하고 나서 복장학원 같은 데 다녔던 것 같은데… 맞지? 그럼 바느질은 거기서 배운 건가? 패션에 관심이 있었던 거 아니야? 패션 디자이너가 되고 싶었는데 인테리어 쪽으로 돌아서게 된 건가?

신 : 아이고! 패션 디자이너는 무슨! 그런 건 아무나 한다니? 그냥 애들 옷 만들어주려고 다녔지. 사 입히는 옷들, 너무 비싸서 아깝고 딱히 눈에 들어오는 예쁜 것도 없고 해서. 바느질이야 결혼하기 전부터 할 줄 알았지만 제대로 한번 배워봐야지 싶어서 복장학원을 찾아갔던 거야. 게다가 옷 만들기를 배우면 바느질은 다 배운 거라고 할 수 있잖아. 덕분에 커튼이며 이부자리며 쿠션 같은 소소한 살림들, 참 많이 만들었다. 그때 별 욕심 없이 배워두었던 걸 참 재미있게 써먹으면서 사는 거지.

김 : 그러게. 신경옥 스타일 막바느질이야 사람들이 다 인정하는 솜씨니까. 바느질도 진짜 규칙 없이 막 하지. 쭉 찢어서 암케나 드르륵 박고. 그런데 이상하게 언니가 하면 멋있단 말이야.

신 : 요즘은 내 솜씨 같은 걸로 명함도 못 내밀어, 얘. 젊은 주부들 보면 정말 놀랍더라. 한시도 쉬지 않고 자기 계발을 하는 것 같아. 그냥 살림만 하는 게 아니고, 살림 안에서 자기가 잘할 수 있는 분야를 막 개척하고 그러는 게 정말 대단하더라고. 결혼한 여자들의 자기 계발이라는 게 그런 거지. 뭐 별거 있겠어? 그렇게 열심히 사는 여자들은 결국, 뭐가 되도 되는 거라니까.

의문 4 신경옥은 노는 여자다? 죽을 때까지 놀다 가고 싶다?

김 : 그런 점에서는 나도 할 말 있다. 나는 살림은 잘 못했으니까, 글 쓰고 싶었지. 아이 낳고 나서도 글 쓰는 일이 너무너무 하고 싶어서 잡지사, 출판사 가리지 않고 찾아다니면서 원고를 팔았어. 그때는 딱히 원고를 쓸 장소도 없어서 카페에 앉아서 원고지에 쓰고 그랬어.

신 : 그러고 보면 너도 참 억척이었다.

김 : 사실 답이 없었어. 할 수 있는 일이 그것밖에 없었으니까. 아이를 키우고, 살림을 하면서도 얼마든지 할 수 있는 일을 찾아야 했으니까. 언니, 그땐 말이야. 두 평짜리 공간이라도 좋으니까 조용히 원고 쓸 수 있는 방 하나만 있으면 바랄 게 없겠다 그랬거든.

신 : 내가 돈 벌면 니 작업실 하나 만들어주겠다, 그랬었지.

김 : 맞아. 그랬지. 그런데 그 꿈을 10년쯤 꾸다 보니까 정말 되더라고. 나는 요즘 후배들한테 그렇게 말해. 달리기 하듯이 살았던 삼십대에는 내게도 이런 날이 올 거라고는 상상도 못했다고. 회사를 차리고, 번듯한 사무실도 갖게 되고, 좋아하는 후배들과 함께 열심히 책을 만들면서 글도 쓰는 여자가 될 줄은… 진짜 몰랐다니까.

신 : 니가 그렇게 말하니까 하는 얘긴데 가끔 나한테 어떻게 하면 인테리어 디자이너가 될 수 있느냐고 묻는 사람들이 있어. 그런데 나는 그런 질문을 받으면 답이 안 나온다. 어떻게 하면… 이라는 게 있어야 말이지. 대신 그렇게 말해. 계속하라고, 좋아하고 즐기면서 하라고. 좋아하는 일을 찾아서 계속하다 보면 반드시 뭔가가 되어 있더라고. 요즘은 살림도 예술적으로 하는 주부들 많잖아. 요리, 바느질, 집 꾸미기, 그릇을 굽거나 뜨개질하기. 그런 것들이 전부 직업이 될 수 있는 거지. 나도 다르지 않았어. 즐기면서 계속했던 덕분에 여기까지 온 거지. 이렇게 책도 내고 말이야.

김 : 언니는 그럼 요즘은 무슨 꿈을 꾸고 있나? 나름 유명인이 되었으니 꿈도 원대해진 거 아냐?

신 : 나? '내일은 또 무슨 이벤트를 만들어볼까?' 하는 게 꿈이지. 놀 궁리하는 거야. 나이 들수록 제대로 놀면서 인생을 즐겨야 하는 법이니까.

김 : 언니답다. 노는 거 좋아하는 날라리 언니! 크크크!

신 : 크크크크크크! 그래. 나, 날라리 맞아.

의문 5 신경옥은 '좋은 엄마'보다 '행복한 엄마'가 되는 게 꿈이었다?

김 : 언니가 언젠가 나한테 이런 말을 했었어. 엄마란 어차피 욕먹게 되어 있는 사람이라고. 희생하고 살면 아이들이 그런 엄마를 부담스러워하면서 벗어나고 싶어 하고, 그렇다고 속 편히 내놓고 키우면 관심 없는 엄마라고 원망한다, 그랬지.

신 : 나는 처음부터 희생하는 엄마, 그거 안 했어. 자식도 부모도 행복해지는 방법이 따로 있는데 그걸 어떻게 한 가지 틀에 끼워 맞추겠니. 부부도 마찬가지 같아. 일심동체니 뭐니 하면서 전부 다 같이 하려고 하는 건 나한테 어울리지 않는다고 생각해. 우리 남편은 규칙을 가지고 벗어나는 법 없이 사는 사람이지만, 자유로운 사고를 가진 나를 존중하지. 나 역시 남편의 인생을 긍정적으로 봐주고. 세상에 재미있는 게 얼마나 많은데 알람시계처럼 사는 남편이 좀 답답해 보이지만, 그 사람은 만족하고 행복해하니까. 그럼 된 거 아냐?

김 : 그러고 보면 언니에겐 인생을 관통해서 '놀 듯이 재미있게 살겠다'는 철학이 있네.

신 : 내가 행복해야 다 행복한 거라고 믿으니까. 내 한 몸 불살라서 가족의 평화와 행복을 만들겠다, 그러는 건 좋은 방법이 아닌 것 같아.

김 : 사실 나는 언니의 그런 마인드가 부럽고 또 좋아. 신경옥이라는 사람 하나로 책을 만들겠다고 작정하게 된 것도 바로 그런 마인드 때문이었지.

신 : 너희 회사에서 내 책을 내겠다 그랬을 때 사실 두려웠어. 그런데 막상 뚜껑을 열고 보니까 잘하고 싶어지네. 잘난 사람은 아니지만 그래도 한 살 더 먹고, 한 해라도 더 살아보니 마음속에 품어지는 생각들이 참 많거든.

김 : 좋아! 그런 마인드 딱 좋아. 그럼 가보자, 어디 한번. 우리 독자들한테 신경옥이라는 여자가 사는 법을 아낌없이 보여주자고!

이제, 언니네 집으로 가자

사실 이 인터뷰는 아주 시시한 사담에 불과합니다. 그저 후루룩, 신경옥이라는 여자에 대해 아주 설렁설렁하게라도 알려드리고 싶어서 준비한 페이지이니까요. 진짜는 지금부터입니다. 60년 가까이, 웃고 즐기고 행복해하면서 살아온 한 여자의 인생. 그 속에 뭐가 들었는지를 구경한다는 것은 결국 미래의 내 모습을 미리 스캔해 보는 것과 다르지 않을 테니 그렇습니다.

그 여자의 집이 어떻게 생겼는지, 왜 그렇게 꾸몄는지. 그 여자는 어떤 옷을 입고 다니며 왜 그런 옷들을 입는지. 신경옥의 가족은 어떤 사람들이며 그 가족은 어떻게 행복한지. 그리고 그 여자는 남은 날들을 위해 어떤 꿈을 꾸고, 어떤 준비들을 하고 있는지…. 그런 이야기들, 그런 풍경들. 다 열어 보이겠습니다. 따끈하게 차 한 잔 만들고, 좋아하는 라디오 프로그램에 주파수를 맞추거나 혹은 기분 좋은 음악이라도 틀어놓고 함께 떠나시죠. 때로는 남의 인생을 구경하면서 얻어지는 의외의 수확도 있는 법이니까요.

신경옥의 집

LETTER I
신경옥입니다

『작은 집이 좋아』 이후 4년 만입니다, 모두들 잘 지내셨지요?

미안합니다. 시작부터 대뜸 미안하다고 말하는 건 너무 나대는 것 같아서 그렇습니다. 뭐 잘난 인생이라고 책으로 묶고 야단인가, 싶어 그렇습니다. 훌륭하게 사는 분들 참 많은데… 〈에프북〉 식구들과 인연 맺고 살아온 덕에 호강 좀 합니다. 사실은 그래서 안 하겠다고 그렇게 도망쳤던 건데 결국 끌려와서 이런 글을 쓰기 시작합니다. 인생, 참 모를 일입니다.

『작은 집이 좋아』라는 책을 내놓고 예상치도 않게 호평을 받았습니다. 사실은 그때도 책을 낸다는 게 썩 반갑지는 않았습니다. 부끄럽고, 민망하고 그랬대요. 그런데 그놈이 그렇게 인기를 끌 줄 몰랐습니다. 참 고마운 일이었지요. 지금 이 책을 들고 계신 분들 중에 『작은 집이 좋아』 독자도 계시다면 인사 좀 하겠습니다. 감사했습니다. 진정입니다.

책이 나온 지 벌써 4년. 세월 참 잘도 갑니다. 겉으로는 아니라고 열심히 우기고 있지만, 제 나이도 어느덧 예순. 깜짝 놀랐습니다. 이런 나이가 이렇게 빨리, 이렇게 무섭게 당도할 거라고는 생각지도 못했었는데… 무슨 놈의 세월이 이렇게 급행으로 가는지 모르겠습니다. 봐주는 법도 없이 야속하게.

서설이 길었습니다만, 지금부터는 저희 집 얘기를 좀 하랍니다. 하라니 해야지요. 고친 지 꽤 오랜 집인 데다, 그동안은 그저 먼지나 쓸어주고 살았을 뿐, 딱히 들인 공도 없어서 무슨 얘기를 할까, 고민했습니다. 여전히 답은 나오지 않았습니다. 그저 반가운 손님 맞은 듯 편안하게, 공간마다 숨어 있는 추억들이나 꺼내볼까 합니다. 괜찮겠지요?

저희 집은 오래전에 재건축해서 새로 올린 빌라입니다. 지은 지 오래라서 거북이 등껍질처럼 까칠하고 먼지 날리던 낡은 빌라가 매끈해졌죠. 그런데 저는 사실, 새집이 썩 반갑지는 않았습니다. 비단이 장수 왕 서방 같아 보였다고나 할까. 그래서 멀쩡한 벽에 일부러 흠집을 내고 그랬었죠.

저는 오히려 요즘이 좋습니다. 구석구석 낡은 자리도 생기고, 식구들 냄새 같은 것도 잘 배어들고, 그동안 살림이 늘어 더부룩해진 공간도 생기고 하니 이제야 진짜 정이 듭니다. 사람 사는 집이 이래야 맛이지, 그럽니다. 모델하우스도 아닌데 너무 반질반질한 집은 사는 재미가 떨어지니까요.

그래서 저는 집을 고칠 때 기본에 충실하려고 합니다. 싫증 나지 않는 하얀 벽으로 마감하고, 오래 쓸 수 있으면서 너무 튀지 않는 바닥재를 고릅니다. 대리석이니 아트 월이니 하면서 불필요하게 돈 칠하는 것도 좋아하지 않습니다. 가장 단정하게, 기본에 충실한 공간을 만든 뒤에 내 집의 살림들이 잘 스며들 수 있게 배려하는 것이지요.

저희 집에는 값비싼 가구나 소품도 별로 없습니다. 덩치 큰 가구들은 10년도 더 전에 이 집에 이사하면서 짜 넣은 것들이고, 웬만한 가구들은 풍물시장 같은 곳에 헐값으로 나와 있는 녀석들을 데려다 색을 입히고, 다듬고, 매만져서 내 식구로 만든 것들입니다. 삐거덕거리는 낡은 고재를 만나면 날름 업어다가 테이블 상판으로 활용합니다.

그런 가구들이 지겨워지면 팔 걷어붙이고 페인팅을 하죠. 빨간색을 칠했다가, 갈색으로 덧칠을 했다가, 변덕이 끓어 그조차도 싫어지면 사포로 긁어내고 다시 흰색으로…. 이렇게 쓰다 보니 가구들이 죄 앤티크 같은 형국입니다. 그런데 사람들이 그 가구를 어디서 사느냐고 물으니 할 말이 없습니다. 파는 데가 있나요. 나 좋은 대로, 내 기분대로, 닦고 조이고 기름 쳐서 데리고 사는 아이들이니 말입니다.

/

집에 너무 큰돈을 쏟아 부어 거창하게 고치고 나면 그 집을 내 마음대로 데리고 놀기가 어렵습니다. 가구나 소품도 그렇지요. 비싼 수입 가구 위에 색을 칠하고, 다시 긁어내고 하는 일이 가능하겠습니까? 비싼 가죽 소파에는 스크래치가 생기면 안 될 테고, 아이들이 올라가서 한껏 뛰어노는 것도 끌탕이겠지요. 굳이 그렇게 살아야 폼이 나는 건 아닌데도 집을 모시고 쩔쩔매는 사람들을 보면 저는 그저 조금 안타깝습니다.

벽면 하나 새롭게 페인팅을 하고 기뻐했던 시절이 있었습니다. 낡은 의자 위에 커버 하나 만들어 입히고는 행복했던 때도 있었습니다. 그런데 그런 수수한 집과의 놀이들이 저에게는 여전히 현재 진행형입니다. 지금도 그러고 삽니다. 그렇게 내 감각대로 집을 바꿔가며 사는 즐거움을 버릴 이유가 없기 때문입니다. 망치면 어쩌나, 벌벌 떨지 말고 기분 내키는 대로 단장해 보시라고 권하는 것도 경험으로 얻은 즐거움들을 잘 아는 까닭입니다. 망치면 다시 하면 되지요. 그동안 잘못 살았으면 지금부터라도 다시 살아보면 그만입니다.

/

긴 소리 접고 저희 집 대문을 열겠습니다. 궁금해하시는 것들 조곤조곤 설명해 드릴 수 있으면 좋겠는데 말주변도, 글재주도 없으니 잘 될지 모르겠습니다. 제 설명으로도 다 풀리지 않는 궁금증이 있다면 〈에프북〉 식구들에게 물어보셔도 좋겠습니다. 그 사람들, 서보나 너 서희 집에 대해 잘 알고 있는 빠꼼이들이니 말입니다.

네. 책임을 떠넘기고 나니 조금 가벼워집니다. 가벼운 마음으로 초대하겠습니다.

거실

입니다만 사실 꼭 그렇지마는 않습니다

1 현관에는 중문 하나 달았다. 별다른 장식 없이 유리 끼워 시원하게 만들고 보니 조금 심심한가 싶어서 날씬하고 길쭉한 손잡이도 달았다. 키 낮은 신발장으로는 수납력이 좀 부족해서 오픈 형태의 선반장도 하나 덤으로 보탰다.

2 거실의 책장은 대부분 오픈 형태로 짜 맞췄는데 단, 하단 부분은 미닫이문이 달린 수납장으로 디자인했다. 소파를 붙여둘 벽이 필요해서이기도 했고, 보이지 않게 감춰둘 살림들이 있으니 미닫이문 달린 수납장이 안성맞춤. 소파를 움직이지 않고도 문을 여닫을 수 있으니 편리하다. 시중의 소파들은 터무니없이 비싸기만 하고 마음에 드는 디자인도 없어 소파의 몸판을 나무로 만들고, 그 위에 매트리스를 올려 만들었다. 어른 셋은 거뜬히 누워도 되는, 침대보다 더 편한 이 소파가 나는 참 좋다.

거실인지, 서점인지… 여기는 그냥 헌책방 〈경옥당〉이라 부르자

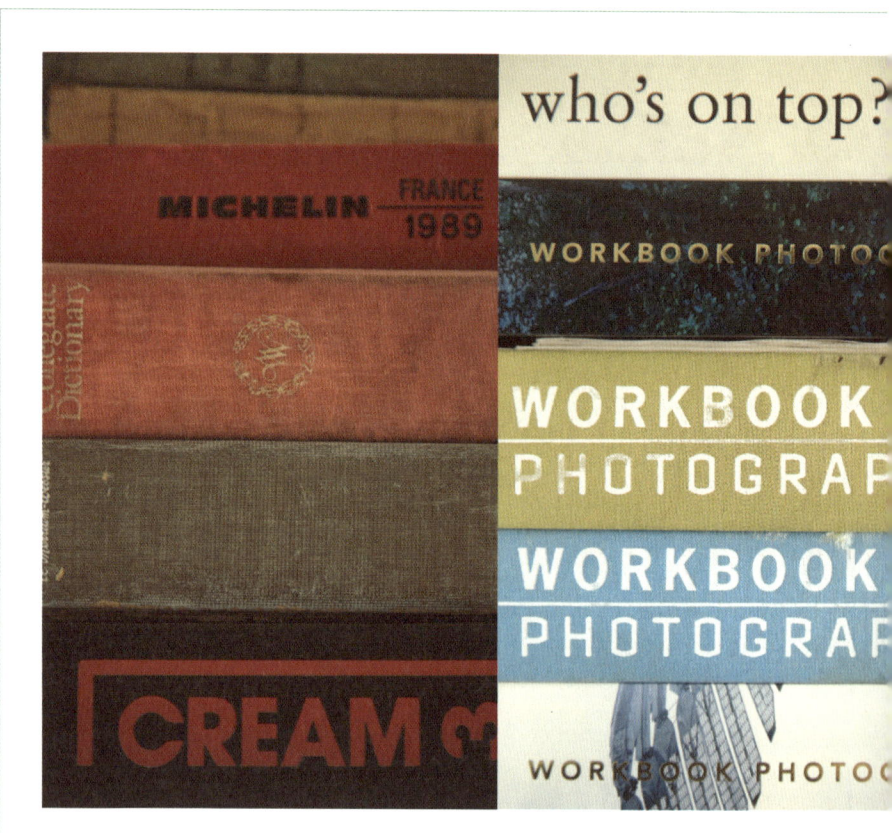

소파 뒤쪽의 미닫이 수납장 한 짝을 싹 비웠다
지금부터 10년 동안 읽을 책들을 꽂아볼 요량이다

내 집 책장에는 우리말 책과 외국 책이 고루 섞여 있다. 그중 외국 책은 다시 또 두 가지 목적으로 나뉜다. '여러 나라 말 배운 내 새끼들이 끼고 읽는 원서'와 '똑똑치 못한 엄마가 세팅용으로 사용하는 원서.' 나도 너희처럼 좋은 세상에 태어났으면 영어, 불어, 중국어, 아랍어까지도 가리지 않고 줄줄 했을 거다… 그러면서 주눅이 들 때도 있지만, 그래도 내 아이들이 원서를 들고 돌아다니는 걸 보면 괜히 콧구멍이 벌렁벌렁하면서 기분이 좋다. 나도 걔들처럼 똑똑한 엄마가 되어보려고 남편이 즐겨 읽는 명심보감, 손자병법 같은 책을 펴 놓고 졸다 읽다 그러다가는 보란 듯이 원서 사이에 끼워두었다. 괜히 기분이 좋다. 있어 보여서 그렇다. 역시 사람은 책과 함께 나이 들어가는 게 멋있지, 싶다.

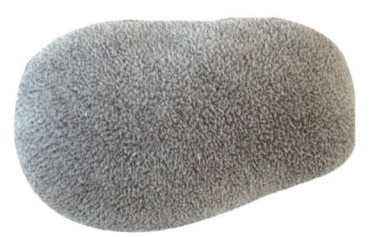

돌멩이가 데굴데굴 / 쿠션도 데굴데굴

CUSHION

STONE

언니, 쿠션 만드는 법 좀 알려주지.

날도둑이 따로 없다. 우리 집에는 그렇게 자주 도둑들이 들이닥친다. 와서는 자꾸 뭘 가져간다. 달라 그런다. 그러면 나는 거절을 못해서 홀랑홀랑 뺏긴다. 아니, 사실은 거절을 못해서가 아니라, 내가 좋아하는 사람들이 별것도 아닌 나의 살림들에 현혹되는 게 기분 좋아서다. 그래서 어떤 때는 달라는 말 없는데도 쓱 내줄 때가 있다. 할머니들처럼 자꾸 인심이 후해져서 살림 다 거덜 나게 생겼다.

요즘 가장 빈번하게 도둑맞는 살림은 요 쿠션. 어느 날, 괜히 재봉틀을 끼고 앉아 바느질 놀이를 했던 결과물이다. 집 안에 굴러다니는 자갈들이 곱기에 그 녀석들을 흉내 내어 쿠션으로 만들기 시작한 것이다. 덩치 커서 바위가 된 놈부터 자잘한 자갈들까지… 수십 개를 만들어서 소파 위에 던져두었더니 소파가 산자락처럼 보기 좋았다. 옅은 회색, 진한 회색 섞어가며 돌멩이 모양 그대로를 재현하다가 괜히 또 재미가 나서 빨간 돌멩이도 몇 개! 서로 잘 어우러져 보기 좋았는데 며칠 지나고 나서 보니 슬금슬금 다 없어지고 몇 개 안 남았다. CCTV라도 설치하든지 해야지, 안 그랬다가는 살림 유지하고 사는 일이 영 어려워질 것 같다.

〈에프북〉 식구들 다녀간 날도 돌멩이 쿠션 몇 개 들려 보냈었는데 그 사람들 사무실에 가보니 내가 준 것보다 더 많은 돌멩이들이 소파 위에서 굴러다니고 있었다. 나 몰래 두어 개 더 집어갔나? 우리 딸 한나가 덤으로 몇 개 얹어줬나? 아이고, 참… 속상해서 정말!

이 쿠션은 본도 따로 없다. 돌멩이 모양에 정해진 게 없으니 대충 둥글넓적하게 오려서 박은 뒤 솜만 채우면 된다. 원단에도 구애 받지 않는다. 돌에 가깝게 만들고 싶을 때는 회색 톤의 무늬 없는 원단을 주로 사용하면 그만이다. 그러면 진짜 돌이 깜짝 놀라 울고 갈 만큼 완벽한 돌덩이가 된다.

재료 원단은 아무거나 회색 톤(손바닥 두 뼘 길이의 쿠션은 ½마 정도면 만들 수 있다)으로, 그리고 방울 솜

만들기 1 쿠션을 만들 원단은 겉끼리 마주보게 두 장을 겹쳐 안쪽이 위로 올라오게 놓고, 원단 위에 직접 본을 그린다. 돌멩이 모양으로 자유롭게 둥글려 그리면 된다. **2** 전체적으로 1cm의 시접분을 주면서 자른다. **3** 본을 따라 2장을 겹쳐 잡고 손으로 바느질하거나 재봉틀로 박는데 창구멍을 15cm 정도 남기고 박아 뒤집는다. **4** 창구멍으로 준비한 방울 솜을 푹신할 정도로 충분히 넣는다. 가장자리까지 빈 곳이 없도록 야무지게 채울 것. **5** 창구멍을 감침질로 마무리하면 끝!

※ 걱정이 많아서 '빨 때는 어떻게 하지?' 싶다면 솜을 따로 만들고, 지퍼를 달아도 좋다. 하지만 번거롭다. 나는? 그냥 통째로 세탁기에 넣고 돌린다.

신경옥의 집에서는 가구도 나이를 먹습니다

손님 오셨다, 차 한 잔 올려야지

손님 가셨다, 향초 다시 올리자

늙을수록 좋은 고재, 늙으면 더 다정해지는 고가구들

우리 집 거실에는 아주 날씬하면서 쭉 뺀 테이블이 하나 있다. 소파 앞쪽으로 얌전히 모셔둔 가구인데, 소파를 워낙 여유 있는 길이로 만들다 보니 테이블도 역시 키다리가 필요했다. 게다가 소파가 나지막하니 테이블 역시 나지막한 놈으로 골라야 하는데 이런저런 조건이 까다롭다 보니 가구점에서 데려오기에는 아무래도 역부족이었다.

결국 또 내가 좋아하는 핸드메이드 가구로 결정하고는 시장을 돌아다니다가 마음에 쏙 드는 고재를 발견했다. 세월이 깃들어 흠집도 많고, 옹이도 잘 살아 있는 고재가 한눈에도 내 식구다, 싶었다. 그것을 사다가 짧은 다리 몇 개 달아서 소파 앞에 놓고 보니 저절로 단짝이 되었다.

소파에 앉아서 뭘 좀 홀짝거리면서 마실 때도 좋지만, 이 테이블은 주로 좌식용으로 사용하게 되는 편이다. 그래서 아예 소파 테이블 밑에 방석 몇 개 넣어 두었다가 필요할 때 꺼내어 엉덩이 폭신폭신 떠받들어준다. 테이블 측면으로는 오래된 반닫이 하나 세워서 보초를 서게 했는데, 이렇게 해주니 왠지 허전했던 테이블이 꽉 채워지는 것 같아서 든든하다.

반닫이, 궤짝… 나이 들면서 점점 더 상자 욕심이 많아지는 것은 왜일까?

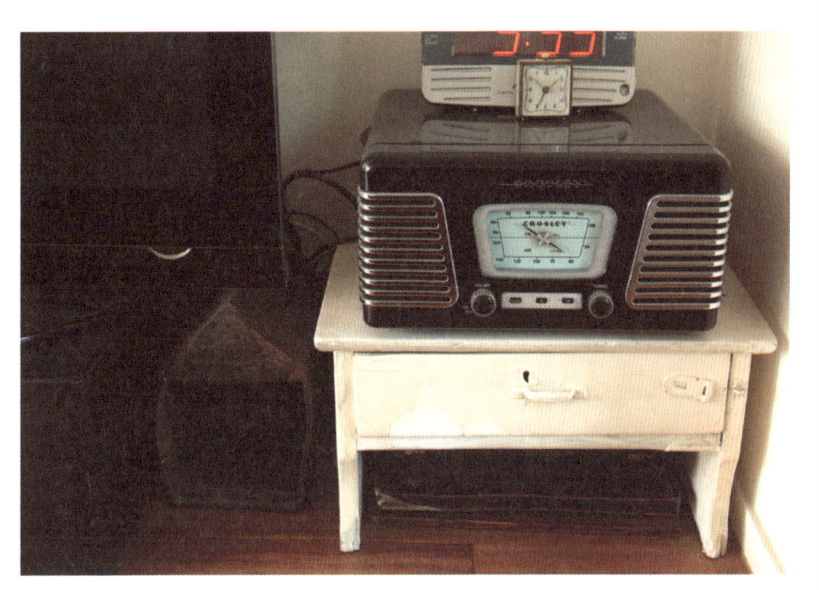

라디오, 시계, 액자, 앉은뱅이 테이블과 작은 서랍… 참 오래도 같이 살았다

다 내버리고 심플하게 사는 게 좋을 때도 있지만,
기어이 데리고 다니다 보면 제값 하는 것들도 있다

신경옥 스타일 디스플레이 따라잡기
1 집 안 어딘가에 나만의 소품들을 모아 두는 컬렉션 코너를 만든다. 백지장도 맞들면 낫다고, 별것 아닌 물건들도 모아서 진열하면 썩 그럴듯해 보인다.
2 비슷한 성격의 물건들끼리 짝을 지어 배치한다. 같은 소재를 가진 물건, 비슷한 용도를 가진 물건, 같은 톤의 색깔을 가진 물건 등등.
3 책을 활용하는 것은 아주 지적인 디스플레이의 기본이다. 책이 꼭 읽으라고만 있는 것은 아닐 수도! 책을 받침으로 활용하기도 하고, 칸막이로 세우기도 하고, 높이를 맞추는 용도로도 쓰면서 다채롭게!
4 나만의 스토리를 엮어보는 것도 좋다. 어디 여행 갔을 때, 바느질 수업을 받으면서, 혹은 아이 생일 파티가 있던 날… 물건들을 보면서 시간 여행을 즐길 수 있어 좋다.

나는 촌년이다. 그것도 느리고 어눌한 충청 촌년. 도시 여자로 살면서도 한동안은 청주 친정으로 내려가면 맞춤옷을 입은 듯 마음이 편해지곤 했던 기억도 있다. 서울 물에 서울 공기로 갈아 마시고, 서울 옷 사 입어도 영 벗겨지지 않는 촌티가… 어쩌면 아직도 있는 것 같기는 하다. 촌년의 특징 중 대표적인 것이 뭘 버리지 못한다는 점이다. 물건이 넘쳐나지도 않을뿐더러, 물건 하나하나가 다 귀해서 속속들이 정을 주다 보니 그랬을 테지.

어쨌든 그런저런 이유로 나는 옛 살림들을 꽤 많이 간직하고 있는 편인 데다, 내 것만으로도 모자라 풍물시장의 케케묵은 살림들까지 업어오는 일이 다반사다.

그러다 보니 사람들이 자꾸 묻는다. '대체 이런 살림들은 다 어디에서 구하세요?' 하고. 물론, 모든 살림들을 전부 풍물시장에서 퍼 나른 것은 아니다. 여행할 때, 공사하다 남의 집 쓰레기통에서, 특이한 소품 가게에서, 그도 아니면 울 엄마 장롱 속에서… 여기저기서 가져온 것들을 수십 년 동안 버리지 않고 모아 두다 보니 집 안 곳곳이 진귀한 것들 투성인 벼룩시장처럼 변해 버렸다.

이쯤에서 가벼운 귀띔 하나! 나처럼 뭘 잘 버리지 못하고 차곡차곡 모아두는 성격이라면 그것들을 간수하는 일에 특별히 더 애정을 쏟는 것이 좋다. 여기저기 흩어놓았다가는 하나 쓸데없는 군살림에 쓰레기 취급을 받기 십상이니 그렇다. 별것 아닌 소품들도 그럴듯하게 보이게 하는 디스플레이 요령 몇 가지 풀어놓고 가야겠다.

한나야, 상 펴라
밥 먹자!

애들 시집 장가가기 전에 뜨듯한 밥 열심히 해 먹여야지

다 기억난다. 그리운 살림들. 아니, 다 갖고 있다. 해묵은 그 살림들. 갓 지은 밥을 담아서 아랫목 이불 속에 넣어두면 전기밥통보다 더 성능이 탁월했던 알루미늄 밥통이나 찬합, 소담한 그릇들. 학교 가는 내 가방 속에 늘 담기곤 했었던 도시락 통, 꽃그림 접시. 그리고 술 이름이 꽉 박혀 있던 오종종한 소주잔들. 그릇장 속에 넣어두었다가 옛 시절이 그리운 날, 엄마 보고 싶은 날이면 꺼내어 음식을 담는다. 그러면 다시 마음이 그때로 돌아가니 구닥다리 살림이어도 영 버릴 수가 없는 것이다.

늘 바쁜 엄마여서 두 아이가 자라는 동안 집 밥을 충분히 먹여주지 못했다. 그때는 그게 최선이었고, 이유도 변명도 참 많았었는데… 세월이 흐르면서 점점 더 미안해진다. 한나야, 관우야! 엄마가 미안했어. 밥만 잘 챙겨 먹고 살아도 외롭지는 않다는데, 니들 외로웠겠다. 공부 챙기는 엄마가 아니었던 것, 희생하는 엄마가 못 되었던 것, 그렇고 그런 기억들은 잘했다 싶은데 밥에 대한 아쉬움이 마음에 가시처럼 뾰족하게 남아서 나를 찌른다. 늙어 가나 보다. 할머니가 되고 있는 건가.

언니, 소주잔 보니까 아빠 생각난다

부엌

이 북비는 집이 잘 되는 집이라고들 하대요

여자 인생의 절반은 부엌에서 깊어간다 했다
한데 나는 부엌에 성실하지는 못했다

재건축으로 새 옷 갈아입고 새집이 되어 나타난 빌라에 처음 들어섰을 때 싱크대 갈아야겠다, 그랬었다. 새집이니 새 싱크대가, 그것도 당시 최고의 트렌드라고 꼽히는 번듯한 싱크대가 자리를 차지하고 있었지만, 하나 반갑지가 않았다. 차라리 싱크대 달지 말라고 할 걸, 그 돈 나 달라고 할 걸… 꿍얼꿍얼 그랬지, 아마. 부엌 쪽으로 난 다용도실을 터서 공간을 넓히고, ㄱ자로 벽을 타고 둘러진 싱크대를 싹 뜯어냈다. 그러고는 부엌 창 쪽으로 작은 싱크대를 지었다. '지었다'는 표현을 쓴 것은 시판 싱크대를 들인 것이 아니라, 시멘트 쌓고 타일 발라가며 집 짓듯 만들었기 때문이다.

늘 부엌에서 밥을 하는 여자는 아니었지만 그래도 여자라면 누구나 가지고 있는 부엌에 대한 로망이 내게도 있었다. 창문과 면해 있는 부엌, 밥을 안치다가도 혹은 나물을 무치다가도 무심히 창밖을 내다보며 마음 다독일 수 있는 그런 부엌. 어느 집이든 그 집 안주인의 성품을 훔쳐보고 싶다면 부엌으로 발 들여놓는 것이 가장 빠르다. 집기들의 상태, 깔끔한 정도, 그릇 고른 안목…. 더 확실한 건 냉장고일 테지. 그 속에 담겨 있는 음식들을 보면 그 여자의 인생관까지 다 보이는 법이니까.

나는 부엌에 성실하지 못한 여자로 살았지, 싶다. 바깥세상이 재미있어서 이곳을 등진 것은 아니었고, 내게 주어진 일들이 하도 많아서 제일 먼저 부엌부터 배신한 터였다. 젊어서는 바빠서 등한시했고, 나이 들고 시간이 나면서는 귀찮고 꾀가 나서 도망을 치게 되니… 아무래도 부엌살림 할 팔자는 아닌 모양이다.

아! 그렇다고 내가 음식에는 영 젬병인 여자라고 생각하지는 말아주시길. 요리할 시간이 없어 그렇지, 작정하고 덤비면 맛깔스러운 시골 밥상 하나쯤 차려내는 일은 식은 죽 먹기니까. 다만, 이런 이야기를 길게 늘어놓고 있는 이유는 바로 이것이다. 인생의 절반을 부엌에서 보내고 있는 독자들이 부엌 인생을 너무 처량해하지는 말았으면 하는 것. 지나고 보니 파랗게 젊었던 날로 다시 돌아가고 싶은 마음 같은 건 없는데 딱 하나, 부엌에다 추억을 많이 남기지 못했던 것이 영 아쉽다. 그러니 나처럼 후회하기 전에 눈뜨면 부엌으로 달려가야 하는 날들을 한껏 기쁘게 맞이하라고 넌지시 말 건네고 싶은 것이다.

늘 쓰는 일상의 것들보다 더 고운 물건은 없다

사람이 들락거리고, 맛있는 냄새가 버무려지고, 냉장고에는 늘 상비약처럼 깔끔한 찬이 준비되어 있는 부엌. 바지런하고 손맛 좋은 여자들의 부엌에서 풍기는 느낌들이 좋다. 내 집은… 우수상 받을 정도는 못 되지만, 그래도 낙제는 아닌 것 같다고 혼자 위안한다. 봐라! 있을 건 다 있지 않느냐? 하면서 큰소리쳐도 좋을 만큼은 갖추고 사는 공간이니까. 그런데 무슨 깔끔병 걸린 여자처럼 행주는 왜 이렇게 많은 거야? 아! 디스플레이용이었지! 그러니까 내 집 부엌에서는 행주도 장식품이 된다.

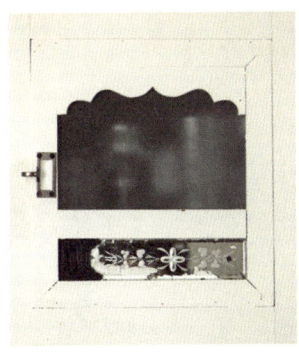 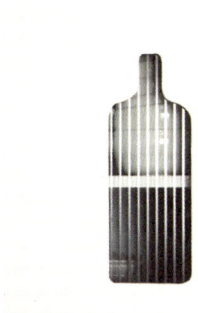 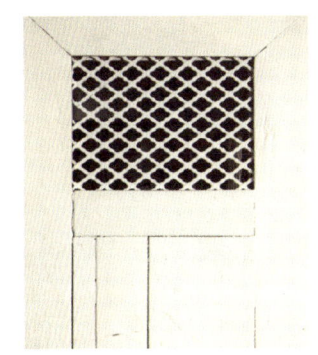

우리 집에 있는 가구는 거의 다 수제품이다. 목수의 자식들이다. 워낙 겁 없이 사는 나는 가구를 만들 때 그 어떤 틀도, 규칙도 세우지 않는다. 그냥 막 해달라고 한다. 나무를 조각조각 이어 붙여달라고도 하고, 문짝마다 다른 색을 칠해 달라고도 하고, 이상한 구멍을 뚫어달라고도 한다. 처음에는 '가구가 무슨 장난감도 아니고…' 하면서 걱정하던 목수들도 이제는 이력이 붙어서 내 말을 완전히 이해한다. 아니, 오히려 한술 더 뜬다. 내 쪽에서 그들을 뜯어말려야 하는 순간이 오기도 할 정도니 말이다.

우리 집의 가장 특징 있는 붙박이 가구는 부엌 수납장. 살림 좀 하는 여자라면 다 알겠지만, 수납장은 가능하면 쪽쪽이 분리된 것이 편리하다. 품목별로 제자리를 찾아주기에 적합해서다. 그래서 나는 칸이 많고, 문짝이 많이 달려 있는 수납장을 만들었다.

그런데 수납장의 디자인이란 언제나 문짝에서 판가름이 난다. 문짝이 곧 얼굴이다. 그래서 문짝마다 조금씩 다른 느낌을 불어넣었는데 그 방법은 간단하다. 어떤 놈은 그냥 나무로만, 어떤 놈은 나무에 문양을 넣어 오린 뒤 유리를 끼워서, 또 어떤 놈은 철망을 끼워서…. 이렇게 각기 다른 문짝을 달아주면 수납장이 아주 독특해진다. 그런데 사실… 유리병들을 모아서 수납하겠다고 병 모양대로 오려 만든 우리 집 부엌의 수납장 문짝. 그 안에는 밥공기랑 국그릇이랑 간장 종지 같은 게 막 엉켜 있다. 인생 참, 뜻대로 안 된다.

아! 손잡이도 한몫한다. 저마다의 문짝에 저마다 다른 손잡이를 달아보자. 위치도 꼭 통일시킬 필요가 없다. 어떤 손잡이는 위쪽에, 어떤 것은 아래쪽에, 또 어떤 것은 한가운데…. 사람마다 생김이 다르고, 성격이 다르듯 문짝마다 다른 인생을 부여하는 재미가 쏠쏠하다.

> 맞춤 가구를 왜 죄다 똑같은 모양으로 짜는 걸까?

그릇에 대한 아주 사소한 나의 견해
1 비싼 그릇 사놓고 절절매지 말 것
2 그릇의 용도는 시시각각 무한하게!
3 아끼는 그릇은 아낌없이 쓸 것

살림살이에도 신분이라는 게 있는 것 같다. 명품 가문에서 태어난 그릇들은 저마다 있는 집으로 시집 장가를 가서 보란 듯이 살고, 시장 통에서 나고 자란 그릇들은 보통 사람들의 집으로 가서 개수대 설거지통에 쓸어 담기는 인생으로 살고. 아이고, 참! 그릇 얘기를 하려는데 왜 갑자기 서글퍼지나. 그릇의 인생이나 사람의 인생이나 별반 다를 게 없다는 생각이 들어 그런가 보다. 그리하여! 나는 소박한 태생의 그릇들을 데려다가 업그레이드시켜 주는 일에 매우 흥미가 있다. 명품 그릇 같은 것은 거의 없다. 대부분 아주 서민적인 그릇들이다. 조금 돈을 써서 사들인 것들이라면 작가들이 직접 빚은 도자기류 정도?

진정으로 그릇을 아끼는 여자들은 애정하는 그릇들일수록 더 열심히 쓴다고 했다. 그 그릇의 가치를 일상 속에서 매일매일 느끼고 확인하는 거다. 그런데 그렇게 되려면 사실 너무 비싼 그릇은 부담스럽다. 그래서 나는 굉장히 합리적인 가격을 지녔으면서 깨져도 머리 싸매고 누울 일 없는 그릇들을 찾아다니는 편이다.

또한 그릇의 용도를 정해 두지 않는 것도 나의 방식이다. 커피 잔에 김치를 담아내기도 하고, 파스타 접시에 김치를 올릴 때도 있다. 국그릇에 밥을 푸고, 대신 작은 밥그릇에 국을 담기도 한다. 사발에 커피를 타서 손님상에 올리고, 과일을 깎아 작은 종지에 1인분씩 담아내는 것도 재미있다. 빙수 볼은 양이 적은 우리 딸 비빔국수를 담아주기에 제격이고, 남산만 한 샐러드 볼은 양푼 비빔밥 흉내를 내기에 좋다. 가끔은 돼지고기 편육 같은 것을 썰다가 나무 도마째로 식탁에 올리기도 한다. 부엌은 내가 운영하는 공장이니까 뭘 어떻게 하든 내 마음이다.

신경옥의 단골 그릇 가게 혹은 그릇 시장

1 답십리 고미술상가 & 황학동 풍물시장
그릇 사겠다고 남들 다 가는 그릇 가게로 가지는 않는다. 내가 즐겨 찾는 몇 군데의 시장이 있는데 그 대표적인 시장이 답십리의 고미술상가와 황학동 풍물시장이다. 그릇의 경우에는 답십리 쪽에서 건져오는 일이 많은 편인데 이곳에 갈 때도 팁이 있다. 우선 잘 갖춰진 그릇 가게가 있는 것은 아니니 오해 없이 들러야 한다. 그래야 실망이 없다. 평일에는 그릇 찾기가 어렵고, 주말에 전국에 있는 민속 상인들이 들고 오는 그릇 가판대가 핵심이다. 임금님 수라상에 올랐을 법한 귀태 나고 우아한 밥그릇, 국그릇, 종지 같은 것들이 몇 천의 아주 후한 가격으로 판매된다. 게다가 이런 그릇들은 시중에서 쉽게 구할 수 있는 게 아니어서 더 좋다. 단! 누가 쓰던 그릇들이니 감안할 것. 매끈한 새 그릇을 사고 싶은 사람이라면 딴 데 가서 알아보아야 한다.

2 <u>논현동 세라믹 요 & 계동 근대화상회</u>
아무리 앤티크를 좋아한다고 해도 남이 쓰던 그릇만 계속 쓸 수는 없으니까…. 새 그릇을 사고 싶을 때는 도자기 작가들의 작품을 만날 수 있는 곳으로 간다. 강남 논현동에 있는 '세라믹 요'와 계동에 있는 '근대화상회'가 바로 나의 단골 가게. 세라믹 요에는 손맛 좋은 작가들이 만든 생활 도기가 가득한데다 턱없이 비싸서 집 팔기 전에는 살 수 없는, 그런 가격도 아니라서 좋다. 물론 작품마다 가격이 다르지만 실속과 품위를 고루 갖춘 작품들이 많아서 행복한 곳. 강남에 산다면 논현동에 있는 세라믹 요로, 강북에 산다면 계동에 있는 근대화상회로 가면 다양한 작품들을 만날 수 있다.

세라믹 요 02-546-2710
서울시 강남구 논현동 96-4 삼경빌딩
근대화상회 02-3676-2231
서울시 종로구 계동길 87(계동 73-6)

한나의 방
에는 구멍 뚫린 벽이 있습니다

엄마는 딸의 거울이라는데… 나는 그게 무섭다

나에게는 장성한 딸이 있다. 참한데 독특한 아이다. 아니 어른이다. 나보다는 상식적인 구석이 많은데 반면, 나보다 훨씬 더 감성적이니 어렵다. 그 아이가 어릴 때는 '쪼그만 게 뭘 알아?' 하면서 함부로 했었던 기억도 많은데 요즘 나는 딸의 눈치를 본다. 딸에게 묻고, 딸에게 도움을 청하고, 딸에게 함께하자고 한다. 그래, 속상한 말이고 계속 반복하는 말이지만… 나 이제 늙었나 보다.

우리 집의 여러 공간 중에서 가장 자주 변신을 꾀하는 곳 역시 한나의 방이다. 재미있는 거 좋아하고, 예쁜 거 좋아하는 우리 두 여자는 틈만 나면 가구를 이리 옮겼다, 저리 옮겼다 하거나 갖은 쇼를 다 하면서 장식을 바꾸기도 하니까. 그러기에는 한나의 방이 딱이니까.

한나의 방과 면해 있는 바로 옆방은 그 아이와 내가 함께 쓰는 작업실이다. 정확하게 말하면 우리 놀이터다. 책도 읽고, 그림도 그리고, 음악도 듣고, 바느질도 하면서 공동으로 관리해 가는 방이다. 그래서 나는 한나의 방과 우리 작업실, 그 두 방 사이의 벽에 작은 구멍을 냈다. 멀쩡한 벽을 뚫어버린 것이다. '우리는 언제나 한편이야'라고 말해 주고 싶었던 내 마음, 그 표현이었다. 아니 '한나야, 사랑해…'라는 말을 대신하는 무언의 장치였다. 알까? 한나도 알까? 그래, 알겠지. 걔가 좀 예민하고 섬세하니까.

한나는 사실 아빠를 많이 닮은 아이인데 요즘 보면 점점 내 성향으로 변해 가는 것 같다. 내가 뭘 특별히 해준 것도 없는데 뭘 또 그렇게까지 정성껏 닮고 그럴까. 단점도 허점도 많은 나는, 딸이 자꾸 나처럼 변해 가는 게 조금 무섭다. 그래서 언제나 '나보다 괜찮은 여자였으면' 하고 기도한다.

답십리 고미술상가 내에 위치한 나의 단골 가게 '만복당'에 갔었다. 만복이 싹트라고 만복당인 건가? 어쨌든 그곳에서 가구 하나 건졌다. 색도 모양도 시원하게 마음에 들고, 이게 더구나 우리나라 앤티크라니 갑자기 애국심이 발동하면서 기분이 썩 좋아진다. 가격도 착하게 샀다. 물론, 아주 오래된 단골인 나에게 특혜를 준 까닭도 있을 테니 가격은 밝히지 않기로 한다. 그러기로 한다.
"만복당 차순례 여사님, 잘했지요?"

이 가구의 원래 용도는 그릇장이다.
요즘은 싱크대 속에 그릇을 쟁여두니
굳이 그릇장을 따로 두지 않지만….
그러고 보면 옛날 여자들이 훨씬 더
운치 있게 살았던 것 같기도 하다.
그릇장이라고 꼭 그릇을 넣을 수야!
한나의 보물들을 넣어두라고 했더니
우리 한나가 아주 시시한 녀석들을
골라 넣었다. 한나에게 보물이란 참
별거 아닌 모양이다. 화장 솔, 향수,
향초와 볼펜…. 그런데 얘, 한나야!
휴지도 보물 리스트에 들어가는 거니?

살림 많은 딸 방에는 거인 수납장이 필요하다는 사실

사부작사부작, 소꿉놀이를 하듯 딸아이 사는 방에는 살림이 정말 많기도 하다. 훌쩍 자라서 처녀가 되고 나니 화장품에 액세서리까지 사태가 더 심각해진다. 그리하여 커다란 선반장을 창고처럼 쓰라고 놓아주었다. 그리고 원단으로 문을 만들어서 달아주었다. 딱 맞춤이다. 위에도 수납하고, 안에도 수납하고. 아! 이 수납장이 놓인 벽면의 위쪽에는 네모난 구멍이 있다. 그 구멍 너머는 딸과 나의 작업실이다. 구멍이 캄캄하다면 그 방에 아무도 없다는 뜻이다. 그러니까 두 여자의 암호 구멍이다.

1 커다란 수납장 위쪽은 한나의 놀이터다. 여자 놀이하라고 장난감 같은 액세서리들이 그득그득. 깔끔한 성격이라 그런지 정리도 잘했네. 사진 찍으려고 특별히 더 열심히 치웠을 수도! 2 한나의 방 수납장 한옆에는 작은 철제 수납 박스가 있다. 어디서 주웠던가? 벼룩시장에서 샀나? 치매가 오려는지 기억은 잘 안 나지만 하여튼 이 상자는 뭔가 아주 자잘한 것들을 넣어 두기에 딱 좋다. 3 기타 치고, 사진 찍고, 그림 그리고, 수놓고…. 무엇보다 재미있는 이벤트 같은 걸 좋아하는 딸의 방 한구석에는 이렇게 작은 살림들이 모여 있다. 요즘 우리 한나, 활 쏘는구나!

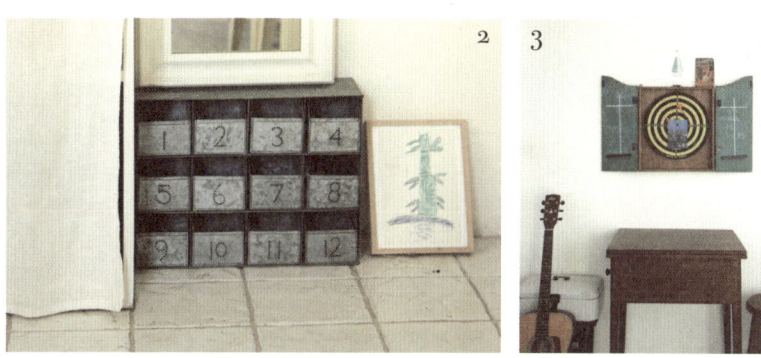

엄마, 뭐 해?

작은 엉덩이를 톡톡 두들겨주며
작은 의자에 앉혀 놓고는 했었던
내 작은 딸 한나는 어디로 갔을까?

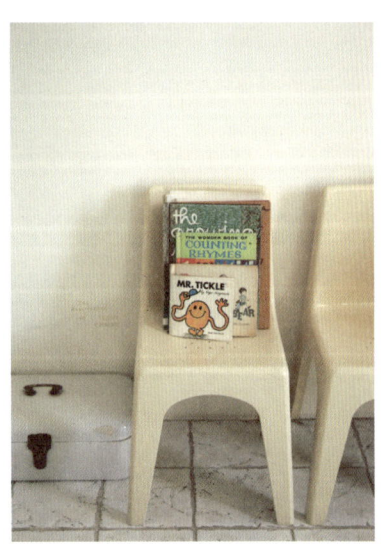

앉았던 자리만 가만히 두고, 앉았던 기억만 홀홀 남겨두고 한나, 언젠가 내 곁을 떠나겠지?

LETTER 2

신경옥 씨의 딸, 김한나입니다

어렸을 때는 미웠던 적도 진짜 많았었는데… 점점 더 엄마가 좋아지네요

처음 인사드립니다. 저는 한나라고 해요. 신경옥 씨의 딸, 김한나. 스물보다는 서른에 가까운 나이가 된, 그러니까 더 이상 어리지는 않은 다 큰 딸이죠. 엄마 책이 또 나온다기에 이번에는 참견 좀 했어요. 왜냐하면 엄마가 자꾸 안 하겠다 그래서요. 그런데도 〈에프북〉 언니들이 엄마를 살살 꼬드기라고 협박하는 통에 어쩔 수 없이 발 담그게 되었습니다.
엄마 얘기… 사실은 아무 데서나 할 수 없었습니다. 울 엄마 신경옥 씨는 상식적인 '엄마'의 틀에서 많이 벗어나 있는 어른이거든요. 모르는 사람 붙잡고 얘기하면 '새엄마야?' 그럴 수도 있는 캐릭터거든요. 어쨌든 엄마는 그렇게, 매우 창의적으로 엄마 노릇을 하는 분이라는 걸… 말해도 괜찮겠죠? 뒷담화처럼 보이지는 않겠죠?
그냥요. 다 큰 딸이 세상 모든 엄마들을 향해서 숨겨 두었던 부끄러운 사랑 하나 털어놓는다고 생각해 주셨으면 합니다. 사실은 엄청 사랑하면서도 평생 그 말을 하지 못하고 사는 모든 '엄마와 딸' 앞에서 감히 용감해져 보겠습니다.
엄마가 어떤 일을 하는 사람인지에 대한 깊은 생각은 없었습니다. 그저 막연히, 우리 엄마는 집을 만지는 사람이구나, 생각했을 뿐이죠. 엄마 머릿속에는 온통 집 생각밖에 없는 것 같았어요. 아주 어릴 때는 그렇게 어수선한 일상과 수많은 손님들로 가득한 집이 파티장처럼 즐겁기도 하더니만 사춘기 무렵이 되자, 조금 싫어지데요. 엄마가 그냥 다른 집 엄마처럼, 그런 사람이었으면 싶었으니까요.
다른 집 엄마처럼… 맞아요. 꼭 그랬죠. 친구들과 모여 앉으면 아이들은 언제나 엄마의 간섭이 심해서 괴롭다, 이 학원 저 학원 데리고 다녀서 힘들다, 뭐 그렇고 그런 이야기들을 했었는데 그때마다 저는 입을 다물었어요. 우리 엄마는 너무 다르니까, 우리 엄마는 나를 별로 거둬주지 않으니까 야속했던 것도 같아요.
사실 저는 완벽주의에 가까운 아이였거든요. 공부를 잘해야 하는 건 당연하고, 준비물 빠뜨리는 법이 없었고, 잠들기 전에 언제나 일기예보를 확인하는 버릇까지 있었어요. 혹시나 비가 온다고 하면 우산도 미리 챙겨두었어요. 왜냐하면 엄마는 그런 걸 챙기는 분이 아니었거든요. 그래서 언제나 남동생 것까지 제가 다 챙겨 보내고는 했어요. 엄마처럼 말이에요. 아! 울 엄마 진짜 무심했죠? 그렇죠?

엄마는 늘 "공부 좀 그만해"라고 하셨어요. 책상 앞에만 앉아 있는 저를 내내 걱정하셨죠. 세상에 얼마나 재미있는 일이 많은데, 네 나이 때 듣고 보아야 할 즐거움들을 다 놓칠 거냐고 안타까워 하셨다니까요. 이상하죠. 뭐, 다른 집 엄마들은 열심히 공부해도 더 공부하라고 닦달한다는데 전 그런 잔소리를 들어본 적이 한 번도 없거든요. 고등학교 때였나. 시험 기간이라 한창 예민해져 있을 때였는데 엄마는 외출 준비 중이셨어요. 저녁 모임이 있다던가, 파티가 있다던가 했었죠.
"한나야, 이 옷에 이 귀고리가 어울릴까, 아니면 이게 더 나을까?"
이상한 엄마 맞죠? 딸은 토끼 눈을 하고 시험공부 중인데 뭐 입을까, 어떤 귀고리를 할까… 그런 걸 묻는 건 좀 아니지 않아요? 대답을 했었나, 아니면 화가 나서 모른 척했나, 잘 기억나지 않아요. 무조건 얄미웠어요. 엄마 진짜 얄밉다, 그랬죠. 그런데 재밌는 건 엄마가 그러니까 저는 더 열심히 공부했어요. 오기가 나서 그랬나 싶어요. 공부하지 말라는 엄마에게 공부만 하는 꽉 막힌 딸의 모습으로 복수해야지, 생각했었는지도 모르겠어요.

"엄마, 나는 엄마가 한나 엄마로만 살지 않아서 좋아. 엄마가 신경옥이라는 이름으로 살아주어서 참 고마워."

어른이 되어 돌아보니 참 다행이다, 싶었습니다. 어쩌면 제가 성장하고 있던 그 무렵이 엄마에게는 가장 환하게 꽃피울 시기였을지도 모르니까요. 그때 엄마가 충분히 열정적으로 살았기 때문에 오늘의 신경옥이라는 여자가 있는 것일 테니까요. 만약 그때 엄마가 행복해지기를 미뤄두고, 자식만 바라보았다면… 오늘의 신경옥이 있었을까, 하는 의문이 들었나 봅니다.

일곱 살 한나에게나, 열일곱 살 한나에게나, 그리고 스물일곱 살의 한나에게나… 단 한 번도 흔들림 없고 변함없이 똑같은 모습을 보여준 내 엄마. 놀 줄 알아야 한다고, 떠날 줄 알아야 한다 하고, 충분히 사랑하라고 등 두드려주는 내 엄마 신경옥 씨. 그런 엄마 덕분에 저도 참 다채로운 인생을 살고 있습니다. 점점 엄마처럼 변해 가고 있거든요.

엄마와 여행을 하고, 맥주잔을 기울이고, 엄마를 좋아하는 수많은 사람들과 함께 만나면서 점점 더 엄마를 알아갑니다. 아니, 비로소 엄마가 어떤 사람인지를 알 것 같아요. 엄마는 인생을 사랑하고 스스로를 사랑할 줄도 아는 행복한 사람이라는 것. 그런 엄마를 보고 자란 것이 저에게는 가장 큰 공부였다는 것도 이제야 알게 되었습니다.

엄마를 닮아가고 있다는 사람들의 말이 기분 좋습니다. 아니, 사실 저는 엄마보다 조금 더 성실한 면이 있으니까 어쩌면 신경옥 그 이상을 넘봐도 되지 않을까요? 안 그래, 엄마?

엄마와 딸, **두 여자의 작업실**로 갑니다

한나는 앞으로
5개국어를 한다
1. 한국어
2. 영어
3. 불어
4. 중국어
5. 일어

2007년까지
완벽하게 할것

엄마의 바램.
한나는 할수있다. 기도함께

엄마, 도대체 나한테 왜 그랬어?

이랬다가…

이건 4년 전, 『작은 집이 좋아』를 찍을 당시의 작업실. 이때만 해도 상당히 깔끔했는데 지금은 은근히 난장판이다. 여기 있던 이 빨간 테이블을 주방으로 옮기면서 공간을 살짝 재정비했다. 그런데 이때가 더 좋은가? 다시 원상 복귀를 해야 하려나. 참! 사람들이 은근히 많이 궁금해하는 이 빨간 테이블은 집 고칠 때 뚝딱뚝딱 만든 것. 페인트를 이 색으로 칠했다가, 벗겨내고는 다시 저 색으로 덧칠했다가 하는 과정에서 저절로 복고 감각이 완성되었다.

저랬다가…

이건 지금의 작업실. 빨간 테이블을 치우고, 조금 작은 책상을 데려왔다. 딸과 마주보고 앉으려고 테이블을 방 한가운데 배치했는데 그러자니 붙박이장에 붙여 놓을 수밖에 없어서 결국 붙박이장 가운데 토막의 문짝을 떼어버렸다. 아! 여기 있는 이 테이블 역시도 뚝딱거리며 만든 것. 빨간 테이블보다는 좀 쉽게 완성되었다. 왜? 철제 다리 위에 상판만 딱 얹은 모양이니까. 이런 디자인의 테이블은 주문 가구 파는 데 가면 얼추 다 있다.

붙박이장 앞쪽으로 길게 배치한 책상에는 마주보고 앉아서 놀 수 있도록 2개의 의자를 놓았다. 나는 이 자리가 참 좋다. 과년한 딸과 턱을 괴고 앉아서 세상 돌아가는 얘기, 인생 헤쳐 갈 얘기를 나누면 에너지가 채워지는 기분이라 그렇다. 책상 아래로 두 개의 다리가 닿았다 떨어졌다 하다 보면 그 옛날, 요것을 품에 안고 키우던 때의 생각이 슬금슬금 떠오르면서 다시 잔정이 솟아난다.

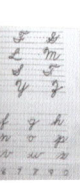

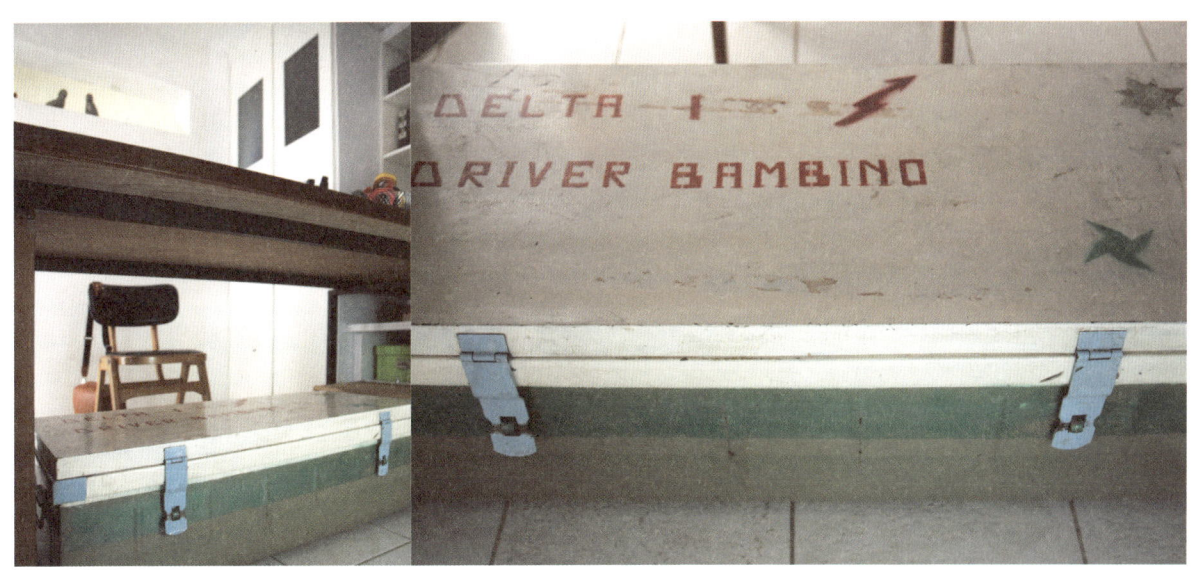

이 책상은 책상으로 쓰니까 책상인 거지 그저 상판만 얹어진 테이블이다. 서랍도 부실하고, 발판도 없고, 사실은 불편한 게 많다. 그래서 널찍한 책상 밑에 널찍한 트렁크 하나를 두었다. 나무로 만든 이 트렁크는 색을 마음대로 바꿔가며 칠하기도 하고, 문양을 넣기도 하면서 정을 붙인 아이다. 옛날 문짝에나 달려 있음 직한 고리가 있어 더 재미있다. 뚜껑, 몸판, 고리까지 다 다르게 색을 칠했더니 은근히 다채롭다.

마음을 단아걸지 않고 나이 들어간다는 것

나이를 먹으면서 그 나이만큼 점점 더 '사람'을 잃는 이가 있는가 하면, 해가 거듭되고 나이가 더해질수록 주변에 '사람'이 늘어가는 이도 있다. 나는 가끔, 사람이 북적이느냐 아니냐 하는 것이 곧 그 사람이 살아온 날들에 대한 점수 같다는 생각이 든다. 좋을 때, 힘들 때, 속상할 때, 아플 때, 외로울 때… 살면서 맞닥뜨리게 되는 숱하게 많은 순간에 어떤 이와 얼마나 함께해 주었는가를 증명하는 것 같기 때문이다.

외롭지 않다는 건 마음을 단아걸지 않고 살았던 날들에 대한 결과다. 이야기 들어주고, 등 두드려주고, 같이 울어도 주고, 축하 꽃다발 같은 것도 열심히 나누면서 살아야지. 그래서 언제나 북적북적, 좋은 사람들 곁에 껌딱지처럼 붙어서 외롭지 않게 살아보자 한다. 요즘 나는 이런 생각을 하고 산다.

한없이 똑똑하고, 걱정 한 번 안 끼치고, 언제나 엄마를 배려하던 딸아이가 어느 날 갑자기 병을 얻었다. 대학 졸업하고, 유학도 다녀오고, 번듯한 기업에 취직해서 일도 곧잘 하며 즐거워하던 아이에게 밀어닥친 공황장애. 딸은 집 밖으로 한 걸음도 나가지 못했고, 밥숟가락도 들기 싫어했으며 다시 아기 때로 돌아간 것처럼 내 치맛자락을 붙잡아야 안심했다. 당연히 나는 손발이 다 묶였다.

직장도 그만둔 채 캄캄한 세계에 스스로를 가둬버린 내 딸, 한나. 다 키웠다 싶더니만 다시 품 안으로 차고 들어온 그 아이와 함께 수개월을 대문 밖으로 나가지 않은 채 화초처럼 지냈다. 소리도 내지 않고 고요하게, 음악을 듣거나, 책을 읽거나, 바느질을 하면서 그렇게. 처음에는 왜 이런 일이 생겼는지 부아가 나기도 했지만, 이내 그 생각을 접었다.

내 힘으로 어쩔 수 있는 일이 아니니까, 끌탕하고 괴로워한다고 상황이 나아질 것도 없으니까. 종교가 있는 나는 매일 아침 눈을 뜨면 '알아서 하십시오. 죽이시든, 살리시든!' 하고 큰소리를 쳤다. 배짱이 점점 더 늘게 된 것이다.
고통스럽던 마음을 내팽개치고 '에라, 나도 모르겠다!' 하면서 근심을 툭 던져버리니 이상하게 하루하루가 즐거웠다. 아이를 낳고, 그 아이가 서른 살이 될 때까지 이렇게 붙어서 지내본 적이 없었다. 언제나 떼어놓았고, 뭐든 혼자 하게 했었으니까. 그런데 딸을 위해 음식을 준비하고, 마주앉아 함께 먹고, 영화를 보고, 인생을 이야기하고… 시간이 지나면 모든 것이 다 좋아질 것이라고 서로를 위로하는 나날들이 꽃내처럼, 분내처럼 마음을 채워주기 시작한 것이다.
"엄마, 꼼짝 말고 내 옆에 있어. 알았지?"
"아이구, 얘! 하도 바깥출입을 안 했더니 이젠 오라는 데도 없다."
"그래서 억울해?"
"억울하다, 어쩔래?"
"나 다 나으면 하루에 스물네 번씩 나가. 그럼 되지 않아?"
"거, 좋네."
우리는 하루를 온전히 나를 위해, 너를 위해 집중하면서 점점 친해졌다. 단짝이 되어갔다.
"이 세상에 이유 없는 시련이란 없는 거야."
열심히 병을 이겨내어 이젠 거의 회복 단계에 있는 딸에게 이렇게 말했다. 사실 이 말은 내가 나에게 하는 것이기도 했다. 예고도 없이 들이닥친 아이의 병 때문에 집 안이며 생활이며 온통 살얼음판이었지만, 그 안에서도 봄은 오고 꽃은 피어나는 법이다. 오히려 딸과 나는, 그리고 우리 가족은 시련을 통해 조금 더 진국이 되고 뜨거워졌으니까.
"엄마, 수요일이 누나 발병 1주년 기념일인 거 아세요?"
"그래? 벌써 그렇게 됐나?"
"파티해야 되는 거 아니에요? 외식할까요? 내가 쏘지, 뭐."
"아빠한테 쏘라고 하자. 아직은 너보다 아빠가 부자잖아."
"그런가? 크크크크."
"그럼. 크크크크."
뭐 축하할 일이라고 병이 찾아온 날을 기념한다는 것인지… 하여튼 변인지 된장인지도 못 가리는 우리 가족들! 결국 우리는 그날, 〈에프북〉 식구들과 〈포북출판사〉의 두 대표님을 초대해서 거하게 쐈다. 고기 쏘고, 술 쏘고. 물론 그날의 주인공인 한나가 쐈다. 한나가 아빠 카드로!

기다리는 것보다 더 큰 해답이 없을 때가 많다. 자식을 키우는 일이 꼭 그렇다. 눈비 오고, 바람 드는 날이 참 많지만 흔들리지 않고 기다려주면 별이 든다. 분명히, 반드시. 그러니까 엄마는 절대로 흔들리면 안 된다. 언제나 그 자리에서 똑같이 팔 벌린 채 기다리고 있어야 한다. 언제라도 안아주고, 손잡아줄 수 있도록.

광우의 방에는 정말 별거 없습니다

딸아이에게도 그랬지만 아들인 관우에게도 '공부' 소리를 해본 적은 거의 없었다. 공부는 하고 싶은 놈이 하겠지, 했던 것 같다. 아무리 공부로 상하를 가르고 좌우를 나누는 세상이라지만 그래도 하기 싫다면야 어떻게 하겠나.

그런데 고맙게도 한나는 공부가 재미있다는 아이였다. 시계보다 더 정확하게 일상을 째깍째깍 가늠하고, 엄격한 잣대를 세워 스스로를 앞으로 더 앞으로 데려가는 아이였다. 아무리 생각해도 그런 점에서는 남편을 닮았다는 게 맞다. 나에게는 그런 소질이나 기질 같은 게 없으니 그렇다. 나야 늘 마음이 시키는 대로 사는 편이었으니까. 그런데 우리 관우는 내 쪽에 가까운 아이였나 보다. 선을 긋기보다는 원을 그리는, 뭐 그런 성향이랄까?

어릴 때, 관우는 시험을 보고 나면 언제나 "아, 이번에는 뭔가 예감이 좋아요"라고 했다. 물론 그 예감은 별로 맞은 적이 없었다. "엄마, 성적 나오면 아마 깜짝 놀라시게 될 거예요"라고 한 적도 있다. 물론 그런 일도 거의 일어나지 않았다. 성적은 언제나 그럭저럭이었는데 녀석은 별로 그런 현실을 인정하지 않는 축이었다.

"엄마, 저 이번 시험에서 100점 받으면 텔레비전 사주시면 안 돼요?"

어느 날 관우가 다가와서 아주 진지한 얼굴로 묻기에 나는 한 치의 망설임도 없이 시원스럽게 대답했다.

"그럼그럼, 당연하지. 그까짓거 못 사주겠니? 너만 사주는 거 아니고, 우리 빌라 전체 다 텔레비전 바꿔준다, 엄마가!"

큰소리는 딱 쳤는데 아이가 하도 진지하기에 반나절 정도 잠시 고민은 했다. 가만 있자… 우리 빌라가 총 몇 집이었지? 텔레비전 사이즈는 말 안 했으니까 작은 걸로 사줘도 되겠지?…. 하지만 괜한 걱정이었다. 큰돈 쓸 일은 일어나지 않았으니까. 그런 걸 보면 우리 관우는 정말 효자였다.

관우가 초등학교 다닐 때였나. 나는 특단의 조치를 내리기로 했다. 아무리 공부 강요를 하지 않는 엄마였다고 해도 살짝 불안한 마음은 있었을 테니까.

"관우야, 너는 공부가 좋으니? 싫지? 공부하기 지겹잖아."
"아니요, 공부가 좋아요."
"그런데 왜 안 해? 좋아하면 해야 되는 거 아닌가?"
"어? 엄마, 제가 공부를 안 해요? 그런가? 나는 열심히 하는 거 같은데요."
"엄마 말 잘 듣고 생각해 봐. 너 공부하지 말고 할머니네 집으로 내려가는 거 어때?"
"할머니네 시골에요? 왜요?"
"거기 가서 공부하지 말고 농사를 배우는 건 어떨까?"
"…?????"
"엄마 생각에 너는 농사 열심히 배워서 새마을 지도자 하면 잘할 거 같은데. 어때? 좋은 생각이지? 괜찮겠지? 멋있게 되겠지?"
"새마을 지도자?… 그게 뭔지 모르는데요."
"농사가 뭔지는 알지? 그러니까 농사 기술자가 되는 거야. 그래, 그게 좋겠어. 엄마가 진짜 너를 위해서 결정한 거니까 믿어봐. 너, 엄마 믿지? 그치?"

설렁설렁 키운 내 아들… '꼴통' 관우가 속이 꽉 찬 '훈남'이 되었다

두 눈이 휘둥그레진 아이를 앉혀놓고 시골에 계시는 시어머니께 전화를 걸었다. 아니, 거는 척했다.
"여보세요? 어머니. 저 관우 엄민데요. 아무래도 내일 관우를 어머니께 보내야 할 것 같아요. 어머니가 농사일 좀 잘 가르쳐가면서 키워주세요. 네네, 잘 부탁드립니다. 내일 당장 내려 보낼게요."
딸깍! 전화를 끊은 뒤 아이의 표정을 유심히 살폈다. 이쯤 되면 공부 열심히 할 테니 한 번만 봐달라고 하겠지, 하는 의기양양한 얼굴로. 그런데 관우는 주눅 든 기색이 전혀 없이 코뿔소처럼 콧김을 씩씩 뿜으면서 말했다.
"좋아요. 엄마. 가방 싸주세요. 그러지 말고 지금 가요. 지금! 얼른 가서 농사 배우게!"
켁!! 헉!!! 그날 나는 모자에 외투까지 챙겨 입고 집 나서는 아이를 돌려세우느라 정말 애를 먹었다. 수를 잘못 놔도 여간 잘못 놓은 게 아니었던 거다.

물론 관우는 더 이상 그때의 그 인물은 아니다. 다 컸다. 영국에서 유학을 마치고 돌아온 내 아들 관우는 전공을 살리면서 즐겁게 일할 수 있는, 작지만 비전 있는 회사에서 행복하게 일하고 있는 중이다. 평생을 대기업에 몸담았던 남편은 지금도 관우가 '큰물'에서 큰 세상을 경험해 보기를 바란다. 그리고 종용한다. 하지만 관우는 큰물에 대한 의지가 전혀 없어 보이고, 나 역시도 반대다. 수를 잘못 놓아 애를 먹는 짓 같은 건 두 번 다시 할 수 없다.
"당신은 좋았어? 가슴에 손을 얹고 생각해 봐. 진짜 행복했어? 평생을 그렇게 딱딱한 조직 속에서만 살았던 게 말이야."
"조직 안에 있으면 그 나름의 보람도 있고, 행복도 있어."
"물론 그렇겠지. 하지만 신 나고, 즐거운 일이 얼마나 많은 세상인데… 나는 우리 관우가 더 크게 생각하고, 더 멀리 보면서 창의적으로 살았으면 좋겠다니까. 우리가 아직은 아들한테 기대지 않아도 살 수 있으니까… 놔둡시다, 그냥."
남자의 세계는 여자들의 그것과는 다르다는 게 남편의 말이다. 그 말도 맞다. 하지만 아들은 지금, 자신의 일 속에서 충분히 행복하고, 또 나름의 미래도 꿈꾸고 있다. 그때 새마을 지도자를 시켰으면 어떻게 할 뻔했나, 싶을 만큼.

남자는 결혼을 하고 나면 그때부터 '인생이 곧 책임'인 삶을 살아야 하는 거라고, 그러니 아직 혼자일 때 마음껏 놀아보라고… 나는 지금도 아들에게 강요(?)한다. 아직은 월급 가져오라는 소리 같은 건 안 할 테니 차곡차곡 모아서 어느 날 긴 여행을 다녀오라고도 한다.
관우는 그런 내 말을 알아듣는다. 감사히 여긴다. 그러면서도 엄마의 '빽'을 믿고 까품을 추거나 그러는 법은 없다. 진중해졌다. 정말이지 어른스럽게 철이 통통하게 들었다. "이번에는 정말 기대하셔도 좋을 것 같아요!"라던 아이의 그 말을 20년 가까이 지나서야 온몸으로 느끼고 있는 중이다. 또 한 번 느끼지만 자식은 모른다. 어디를 향해 나갈지, 그리고 어떤 얼굴로 다시 돌아올지! 딱히 해줄 것 없는 엄마인 나는 그저 '행복해라, 행복해라' 마음의 기도를 하고 있을 뿐이다.

우리 집에서 가장 작은 관우의 방. 하도 작아서 필요한 가구를 절대로 다 놓을 수가 없었던 까닭에 '억지 2층'을 만들었다. 나지막한 옷장 겸 수납장을 짜고, 그 윗면을 침대처럼 활용할 수 있게 만든 것이다. 아이가 어릴 때는 한옆으로 사다리를 놓아주었더니 다람쥐처럼 퐁당퐁당 오르내리며 즐거워했는데… 이젠 사다리 없이도 거뜬하다. 침대 매트리스 대신, 쿠션감이 있는 두툼한 나무판에 일본식 다다미를 입힌 판재를 얹으니 겨울을 제외하곤 잘 쓴다. 겨울에는? 두툼한 요가 있으니 걱정 없다.

역시 작은 공간을 위한 타개책으로 창문을 뜯어내고, 그 창을 책장으로 막아버렸다. 해 뜰 무렵에 나갔다가 해 지면 들어오는 아이인데 볕이 좀 나쁘다고 시비야 걸겠나. 살짝 미안한 마음에 창 양쪽으로 옹졸하게나마 빛의 통로를 터주고, 커튼도 달아주었다. 덩치가 산만 한 청년이 되었으니 공간을 넓히기 위해 원래 있던 큰 책상 대신 접이식 책상으로 대체! 여기에다 뭔가 좀 해주는 느낌을 내려고 커다란 평상식 판재를 만들어 바닥에 놓아주었더니 좋아하면서 쓴다.

함께 살아온 날들을 꼽아보니 꿈만 같다. 30년이 넘었으니 오래 살았다. 그런데 사실, 우리 부부는 함께 지냈던 날과 떨어져 지냈던 날이 비등비등한 편이다. 건설회사의 간부로 평생의 업을 마무리한 남편은 젊은 날의 상당 부분을 해외 지사에서 지냈으니 그렇다. 그 남자가 젊은 날, 남의 나라에서 흙먼지 먹어가며 애써준 덕에 애들과 나는 큰 고생 모르고 살았던 것 같아 사실은 고맙고 또 미안하다.

남편은 외모부터 심성까지 나와는 완전히 정반대인 사람이다. 우선 고지식하기가 일명 '명불허전'이다. 벽 하나 허무는 것쯤은 껌 씹는 정도로 여기는 아내와 살면서도 벽 없는 인생을 원하지는 않았던 사람. 자유보다는 공식과 규칙이 있는 삶에서 평화를 찾곤 하던 조용한 남자다. 그에게는 일이 곧 취미고, 놀이였으며, 꿈이었던 것 같다. 그래, 그게 맞다.

좋았던 날만 있지는 않았다. 떨어져 있는 날이 길었으니 수시로 데면데면했을 테고, 더러 싸우기도 했을 터다. 어쩌면 '저 남자가 정말 내 인생의 반쪽이 맞을까?' 하는 궁금증을 품기도 했겠지. 물론 그 역시도 나에 대해 그러했을 테고. 대개의 부부들이 그렇듯, 우리라고 무슨 뾰족한 수가 있었을까. 아이들 자라는 모습에서 위안을 얻으면서 서로의 흠이며 미움 같은 것들을 지우고 덮어가며 살았을 테지. 사실은 우리 두 사람 다 시비가 생기면 피해 버리는 성격이라 크게 다툴 일은 많지 않았지만, 그렇다고 영 곱기만 했던 것은 아니었을 테니 말이다.

/

살갑던 마음이 씻은 듯이 사라지거나, 갈등이 무럭무럭 커질 때면 남편의 잠든 모습을 물끄러미 바라보곤 했었다. 그러면 심통 내던 마음보 같은 게 버려졌었다. 늙는다, 이 남자도… 기어이 차오르는 측은지심 같은 게 마음을 누그러뜨리곤 했었다.

/

높은 침대와 하얀 커튼이 있는, 이를 테면 서양식에 가까운 침실만 짓고 살다가 지금 이 집으로 들어오면서 처음으로 남편을 위한 방을 만들었다. 단아하고, 조용하게… 남편의 품성을 닮은 공간으로 꾸며주고 싶었던가. 한식 느낌이 물씬 풍기는 붙박이장으로 디자인하고, 원목으로 틀을 만든 창에는 커튼 대신 한지를 붙였다. 높은 침대 대신 평상처럼 나지막한 판을 만들어 이부자리를 얹었다.

까슬까슬한 돗자리의 감촉을 좋아하는 남편을 위해서 바닥은 일본식 다다미 흉내를 낸 바닥재로 대신해 보았는데 나쁘지 않다. 수년째 만족스럽게 사용하고 있으니까. 독도 생각을 하면 이놈의 바닥을 확 뜯어내고 싶어질 때도 있지만… 아직은 너무도 쌩쌩한 것이 마음에 걸려서 버티고 있는 중이다.

민망합니다만, 우리 부부 **침실**입니다

만두 시루에서 김 오르듯 사랑이 무럭무럭 하는 것은 결혼 후 한두 해면 끝이 나는 것 같다. 아이가 생기면서부터는 동지애로 뭉치고, 조력자로 힘을 합쳐서 서로 등 떠밀어주며 사는 게 부부 같다. 그럼에도 불구하고 부부간의 안전거리라는 게 있다고 여겨지는데 나는 그것을 지켜내는 비밀이 바로 침실에 숨어 있다고 여긴다. 부부 싸움을 해도 기어이 함께 잠드시곤 했던 구식 부부들의 지혜가 살수록 점점 더 맛깔스럽게 느껴지는 것이다.

호텔처럼 트윈으로 누워 잠드는 우리 부부는 따로따로 누워서 두런두런 나누는 시시한 잡담을 좋아한다. 아이들 얘기가 전부였던 때와는 다르게 요즘은 오히려 우리 얘기를 곧잘 한다. 여행 좀 하자는 얘기, 뭐가 먹고 싶다는 얘기, 내일은 꼭 밥을 해 주마 하는 시시껄렁한 얘기들까지…. 가끔은 오랜 벗이 곁에 있다는 든든한 위안까지 얻게 되는 걸 보면 세월을 함께 견딘 보람이 있는 것 같다.

1 누군가 이 방에 들어와보고는 고요한 느낌이 난다고 했다. 사실은 그런 기분이 나게 꾸미자는 전략이었으면서 막상 그런 말을 들으니 이 방에만 들어오면 괜히 기분이 차분해지는 느낌이다.

2 창문 아래쪽 벽면에는 미닫이 문짝이 있는 붙박이장 수납장을 짜 넣었다. 붙박이 옷장만으로는 부족하니까. 지저분한 잡동사니들도 전혀 눈치 채지 못하게 감쪽같이 숨겨주는 팔색조의 가구다.

3 일송정 푸른 솔은 우리 집 침실에도 있다. 소나무 분재 하나, 소반 위에 얌전히 올려놓고서는 '우리 남편 닮았다' 했다. 평상 스타일의 낮은 침대와 다다미 스타일 바닥재, 한식 디자인의 붙박이장을 단숨에 아우르는 최고의 식물이 아닐까. 격자 문양을 넣은 원목 프레임 창문에는 한지를 붙여서 옛 느낌을 적당히 살리면서 따가운 빛은 씻어 걸러줄 수 있게 했다.

파우더 룸은 닫혀 있고

침실 문은 열려 있으니

이제 침실 문 닫고 파우더 룸으로 가보자

두 개의 **욕실** 그리고 두 개의 인생

욕실 혹은 파우더 룸, 긴 하루를 접고 다시 시작하는 곳

부부 침실에 닿아 있는 욕실과 아이들을 위한 또 하나의 욕실.
두 개의 욕실을 꾸미다가 문득, 여기도 꼭 인생 같다… 했었다.
쓰는 사람 취향을 따져가면서 세간 들이고, 물품 놓아주다가는
이만하면 된 게 아닌가, 그랬다. 내 새끼들 불편 없이 쓰라고,
우리 애들 아빠도 욕실에서 싹싹 씻고 새사람 되어 나오라고,
소소하게 마음 쓰는 이 정성이 사랑이 아니고 무엇일까, 했었다.

여자는 그 마음으로 집을 꾸민다.
가족을 사랑하는 뜨거운 마음으로,
행복을 지키려는 전사의 마음으로.
그러니 남편들은 부디 소꿉장난 같은 놀이에 돈 쓰지 말라는
야속한 말로 아내들의 마음에 상처 주지 말기를!

어쩌면 여자에게 있어 '다정한 집'은 또 하나의 희망이고 인생이니까.

  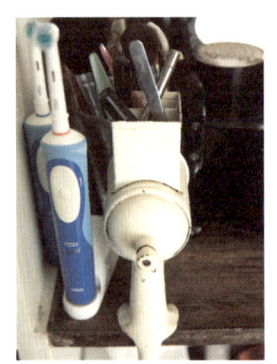

나도 그렇지만 남편도 마찬가지겠지. 깨끗한 거울에 얼굴 들이밀어 봤자 주저앉은 피부와 주름에 마음 상하기밖에 더하겠나. 그래서 부부 욕실 안의 거울은 기능적이지 못하게 작고, 부연 놈으로! 케케묵은 앤티크로!

남편과 나, 두 사람의 욕실에는 변기와 세면대만 단출하다

보여줄 것이 따로 없으니 아주 시시한 걸 자랑하기로 한다. 일생 낭비를 모르는 남편 기분도 맞춰줄 겸, 알뜰 주부 흉내도 낼 겸해서 조각 비누들 모아 놓고 쓰는 비누 받침대 자랑! 나뭇잎을 붙여 만든 이 받침대는 비누를 따로따로 끼워 두기에 딱 좋다. 비누가 많이 모이면 향이 상당히 강해져서 욕실이 썩 은은해진다.

아이들 어릴 때, 스승의 날이면 동대문시장에서 하얀 타월을 무더기로 사다가 끝단에 예쁜 원단을 덧대거나 뜨개질을 해가면서 신경옥표 타월 선물을 만들곤 했다. 돌돌 말아 바구니에 담아서 선물하면 2만원 정도로 2백만원 값어치는 족히 했던 것 같다. 그럼 이 타월도 내 손으로? 요즘은 그런 짓 별로 안 한다. 그냥 산다.

잘 꾸민 집에 가보면, 아니 어지간한 새 아파트에만 가도 욕실이 참 번쩍거리는구나, 할 때가 있다. 최신 디자인의 마감재며 변기와 세면대, 수전 같은 것들이 어우러져서 웬만한 집 거실이나 침실보다 더 고급으로 보이더라는 게지.

그에 비하면 우리 집 욕실은 볼 게 없다. 그나마 부부 욕실에 비하면 애들과 손님들 쓰는 이 욕실은 좀 나은 편이지만 그렇다고 자랑 삼을 건 하나도 없다. 태생이 병원장 딸이었나 싶을 정도로 온 집 안을 병실처럼 하얗게 꾸미기 좋아하는 내가 욕실이라고 다르게 적용했을 리 없다. 벽과 바닥, 욕조와 세면대까지 영락없이 화이트로! 욕조는 집 지을 때 붙어 있던 것을 그대로 살리면서 옆면에 벽면과 같은 타일을 붙여 통일감을 주었다. 벽면의 타일은 원래 알록달록 문양과 색이 있던 터라, 모두 제거하고 마치 벽돌처럼 생긴 직사각형의 디자인으로 골라 다시 입혔다.

욕실에서 매일 쓰는 살림들의 정리대 역할도 겸하게 하고 싶어서 널찍한 세면대를 고르고, 그 아래쪽에는 하수관을 가려주면서 수납 기능도 겸할 수 있는 오픈 박스를 부착했다. 트여 있는 앞면에 레이스 소재의 원단을 봉에 끼워 가리개로 달아주었더니 그런대로 깔끔해졌다.

얼마 됐지? 한 10년 가까이? 꽤 오랜 시간을 처음 그대로 쓰고 있지만 아직은 깨끗한 걸 보니 청소 상태가 좋았다기보다 어린아이가 없는 덕이 아닐까, 싶다. 어쨌든 시시하게 정돈한 이 욕실에서 우리 어른아이(?) 둘은 매일매일 보송보송 씻으면서 몸과 마음을 단장한다.

애들과 손님 쓰는 욕실에는 세면대에도 커튼을 쳤다

1 하수관을 가려줄 용도로 짜 넣은 오픈 박스. 주방의 싱크볼이 있는 부분도 이것과 같은 방식으로 만든 셈인데 싱크대에 문짝을 달았다면, 욕실은 물이 튀기 쉬운 공간이라는 점을 감안하여 원단 가리개로 대신했다. 2 이 의자는 뭐지? 혹 때밀이 의자? 아니면 목욕 끝내고 잠시 명상이 필요할 때를 위한 생각 의자? 사실은 타월 걸이 아래가 비어 있기에 별 생각 없이 가져다 놓은 스툴이다. 3 우리 집에는 은근히 돌이 많다. 땅만 보고 다니다가 예쁜 돌과 조우하면 기어코 데려오는 습성 덕이다. 돌멩이들을 잘 씻어서 모아 두면 의외로 쓸 곳이 많다. 어떤 때는 접시 대신으로 쓰기도 하고, 어떤 때는 선반 위에 한 줄로 세워 놓기만 해도 썩 괜찮다. 비누받침으로도 돌은 최상이다. 4 사진에는 담기지 못했지만 거울 건너편의 선반에는 타월이 착착착. 우리 집 타월은 80% 이상이 흰색이다. 정말 볼 것 없는 욕실도 이렇게 하얀 타월만 좀 쌓아 놓으면 살짝 청결한 맛이 나면서 괜찮은 공간으로 보인다.

젊었을 때는 한없이 부러움 가득한 눈으로 창 너머
누군가의 집을 살금살금 들여다보고는 했었다.
예쁘다, 좋겠다, 나도 저렇게 해놓고 살면 좋겠다…
하지만 마음이 무디어졌나. 아니면 욕심이 사라졌나.
이젠 탐나는 공간이 별로 없다. 내 집이 좋다.
낡았으면 낡은 그대로 조금씩 손보고 고쳐주면서
오순도순 살 수 있는 내 집이 장땡이다.
집도 자꾸 예쁘다, 예쁘다 하면서 어루만져야
점점 더 예쁜 짓을 하는 법이다. 어쩌면
집에도 마음이 있는 것 같다. 정말 그렇다.

3시 59분이네. 저 시계가 4시를 딱 찍으면
홍차 한 잔 내려 마시면서 라디오나 들어야겠다.

신경옥의 옷

LETTER 3
〈에프북〉 김연입니다

사담 한마디 하고 시작하겠습니다. 이 책은 신경옥 쌤이 주인공이지만, 사실 책이 되어 나오기까지는 김한나 양의 공이 매우 컸습니다. 네, 맞습니다. 김한나는 신경옥 선생님의 딸입니다. 할 얘기도 없다, 사진도 못 찍는다, 어색하고 불편하다, 남세스럽다… 갖은 이유를 다 붙여서 거절하던 양반을 돌아앉게 만든 장본인이니까요.

특히나 지금부터 시작할 옷 이야기에서는 더더욱 그랬습니다. 옷장 안이 변변치도 않은 데다 모델도 아닌데 그 옷들을 어찌 입고 찍겠느냐고 화들짝! 결국 딸과 함께 촬영을 하는 걸로 합의를 보고서야 겨우 카메라 셔터를 누를 수 있게 되었다지 뭡니까.

변변치 못한 옷들…. 저는 사실 이 부분에서 그냥 감동을 먹었다지요. 솔직하게 말하자면 신경옥 쌤의 옷장 안은 참 소박했습니다. 이름값 하거나 난 체하는 옷들이 하나도 없었으니 말입니다. 인생의 절반 이상을 나름 유명인으로 살아온 어른이니 그래도 있는 옷들 사이사이, 도도한 옷가지들이 끼어 있기도 하련만… 눈 씻고 찾아도 없더라는 거죠.

"어디 뭐, 딴 데다 숨겨 놓으신 거 아니에요?"

얼토당토않은 질문을 던져보기도 했으니 말입니다. 왜냐하면 신경옥 쌤은 언제나 멋쟁이로만 각인되어 있었거든요. 입은 옷들마다 전부 다 훔쳐오고 싶게 별스러운 것들이었거든요. 그럼 그 옷들은 다 어떻게 갖춰 입었던 걸까요? 하! 참, 알다가도 모를 일입니다.

／

〈에프북〉에서는 철마다 한 번씩 비공개 벼룩시장이 열립니다. 패션용품 벼룩시장입니다. 철이 바뀔 즈음, 옷장 정리를 할 즈음이면 저마다 이삿짐 꾸리듯 한 보따리씩 옷가지며 가방에 신발, 액세서리 같은 것들을 챙겨들고 나오는 거죠. 그러고는 팝니다. 서로가 서로에게. 5백원에도 팔고, 8백90원에도 팔고. 그냥 줘도 될 것을 굳이 돈 받고 판 다음에 그 돈 모아서 빵 사먹습니다. 아주 재미가 좋습니다.

1년에 한 번쯤은 후원자의 구호품(?)들이 당도하기도 합니다. 수많은 후원자 중에서도 으뜸은 역시 신경옥 쌤입니다. 정말 많이도 나눠줍니다. 게다가 그 옷들은 하나같이 흔치 않은 브랜드라 서로서로 신경전을 벌이면서 득템에 열을 올리죠.

"수경 선배! 이거 무슨 브랜드야?"
"뭔데, 뭔데? 잉? 머라고? 삐앙…코… 세레…락?"
"세레락? 그거 이유식 아니야? 혜숙아, 너도 이거 몰라?"
"에이~ 당연히 명품이지. 딱 봐도 알겠구먼. 이태리 브랜드

어서 오십시오, 지금부터는 '신경옥부티크'로 모시겠습니다

인가 보아요."
좀처럼 보기 힘든 디자인과 스타일의 질 좋은 옷들을 펼쳐 놓고 감탄사를 연발했었죠. 역시 통이 큰 양반이라고, 이렇게 값비싼 옷들을 척척 나눠주시는 걸 보면 집에는 정말 대단한 옷들이 있을 거라고… 그동안 저희들은 주신 옷들을 고이고이 아껴 입곤 했습니다. 그것도 평소에는 아까워서 못 입고, 행사 있는 날에만 골라 입고는 했다니까요.

이번 촬영을 하면서 그 옷들의 정체가 밝혀졌습니다. 그것들은 전부 구제시장의 별미 아이템이었습니다. 저희가 이태리 브랜드네, 뭐네 했던 말들은 죄다 귀신 씻나락 까먹는 소리였던 겁니다. 신경옥 쌤의 옷들은 대부분이 시장에서 온 것들이거나, 직접 박아 만든 것들이거나, 그것도 아니면 온통 리폼해서 완성한 것들이었습니다. 값싼 것도 비싸 보이게 입는 방법을 알고 있는 양반이었던 거죠.

"백화점 안 가본 지가 10년도 넘은 것 같다. 거기 있는 옷들이 좋디? 나는야, 하나도 갖고 싶은 게 없더라. 다 비슷비슷하고, 개성도 없고, 비싸기는 엄청스럽게 비싸고!"
이것이 신경옥이라는 한 여자의 정체성이 아닐까, 합니다. 변변한 옷이 하나도 없다고 걱정이 끊이지 않았지만, 저희들은 그 모습이 참 대단해 보였죠. 그런 게 감각이지, 했으니까요. 전문가들이 맞춰 놓은 착장대로 착착 구입해 입는 건 센스가 아니라 어리숙한 흉내 내기에 불과할 테니까요. 안 그런가요?

신경옥의 위풍당당한 옷 입기. 사실, 스타일이란 저마다 다른 법이니 신경옥 식 옷 입기가 마음에 들지 않는 분들도 있을 겁니다. 그래도 옷은 역시 돈값을 하는 거라고 생각하는 분들도 있겠죠. 다 인정합니다. 암만요. 충분히 그럴 수 있지요. 저희들이 주장하고자 하는 것도 사실 스타일 레슨, 운운하는 식은 아니니까요.

다만 함께 나누고 싶었습니다. 기죽지 않기, 당당하기, 나답게 표현하기… 엄마이고 주부인 우리들에게는 그런 용기가 필요하다고 생각하기 때문입니다. 나에게 맞는 옷을 찾아 입을 줄 안다는 것은 스스로를 충분히 표현할 줄 안다는 것이라고 생각합니다. 저희는 그런 게 참 좋습니다. 옷에 얽매이지 않고, 옷을 누릴 줄 아는 감각이 좋습니다. 싼 옷 입어도 행복하기, 죽죽 박아 만든 옷 나눠 입어가면서 행복 지수 높이기. '신경옥부티크'로 당신을 초대하고 싶은 이유는 바로 여기에 있습니다.

"아부지 메리야스, 엄마 고쟁이 다 가져오세요
신경옥 여사 수선 들어가십니다!"

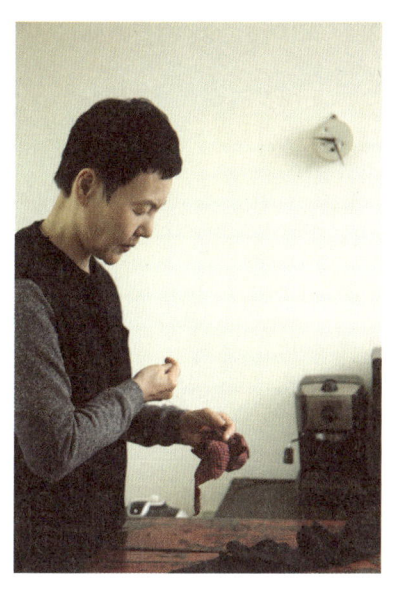

"아부지 메리야스, 엄마 고쟁이 도로 가져가세요
신경옥 여사 갑자기 딴짓하십니다!"

※ **편집자 주** '신경옥부티크'의 특징은 배가 산으로 가는 일이 많다는 것입니다. 옷 고친다고 남편 재킷, 아들 속옷, 딸내미 셔츠까지 다 꺼내서 궁합 맞추더니만… 갑자기 조끼 하나 꺼내 입고는 브로치를 만들겠답니다. 조끼가 너무 심심하다나, 뭐라나. 주인장 마음이 수시로 오락가락한다는 점, 바지가 치마로 둔갑하고, 양말이 모자 되고 그러기도 한다는 점… 양해하고 봐주시기를 당부 드립니다. 꾸벅.

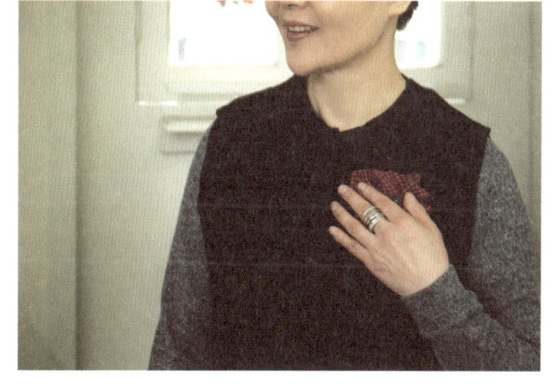

스스로 지어 입는 신경옥 스타일 가정식 맞춤옷

살다 보면 화려한 옷이 필요한 날이 있다. 아니, 굳이 그럴 필요가 없는데 괜스레 화려해 보이고 싶은 날도 있다. 그럴 때 옷장을 열어보면 부아가 난다. 뭐 이렇게 옷이 없나. 쥐색, 검정색, 갈색… 죄 칙칙하고 무난한 옷들만 모여 있는 걸 보다가는 느닷없이 신세 한탄이 나오기도 한다. 변변한 옷 한 벌 없이 뭐 했나, 싶은 거다.

아주 오래전에 김동길 선생의 강의를 들은 적이 있었는데 그때 그분이 그랬었다. 옛날에 한 여인네가 물동이를 이고 가다가 넘어져서 그걸 깨뜨렸다고, 제 잘못으로 넘어진 건데 그 여인네가 갑자기 이런다고. "아이고, 이년의 팔자는 왜 이렇게 험난한가. 서방 잘못 만나서 물동이나 이고 다니니 이런 일이 벌어지지!" 한참 웃었다. 옷장 들여다보다가 부아가 나는 게 딱 그 짝이다. 펑펑 사 입을 여유 있는 여자가 몇이나 되겠나. 그런 날, 나는 재봉틀을 꺼낸다. 만들어 입으면 그만이다. 내 멋대로 한껏 화려하게! 만들지 못하는 여자는? 리폼이라도!

괜스레 화려해 보이고 싶은 날이 있다
설거지도, 청소도 다 팽개치고 싶은 그런 날

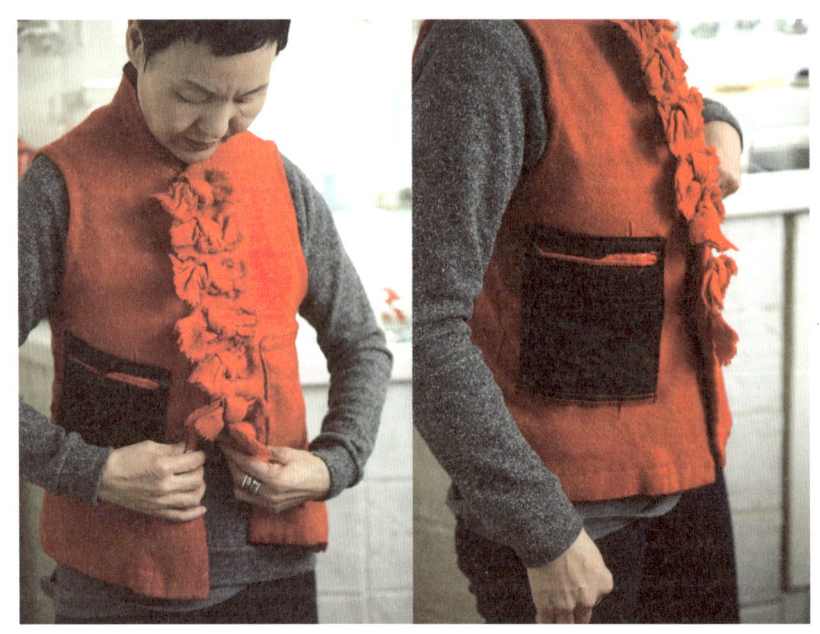

언젠가는 입을 날이 있겠지, 하면서 쟁여두었던 다홍색 모직 재킷. 입으려다가도 막상 얼굴에 대보면 선연한 빛깔이 너무 과한가 싶어 다시 접어 두고는 했었다. 그런데 한 달에 한 번씩, 별것도 아닌 이벤트를 걸어놓고 정기적으로 만나는 모임에서 마침 파티 콘셉트를 잡았다기에 드디어 작정하고 그 재킷을 꺼냈다. 그리고 뜯었다.

아우터와 매치해서 입으면 그런대로 멋스러울 것 같아서 소매를 자른 뒤 조끼로 탈바꿈시켰다. 잘라낸 소매 원단을 사용해서 리본도 아니고, 프릴도 아닌 것을 몇 개 만들어 앞판에 죽죽 달아 놓았더니 더 화려해졌다. 연예인 옷처럼 말이다. 재킷 안에 입어도 좋고, 재킷 밖으로 꺼내서 겹쳐 입어도 그만이다.

게다가 조금 더 재미를 주기 위해 한쪽의 주머니를 떼어낸 뒤 검정색 원단으로 만든 주머니를 달았다. 디자인과 색깔이 각기 다른 두 개의 주머니라니!

그런데 완성하자 마자 딱 입었더니 같이 있던 사람들이 그런다. "살짝 소림사 주방장 생각이 나는 거 같은데?" 괜히 오기가 나서 이 책의 패션 촬영을 하는 날, 제일 먼저 챙겼다. 아니나 다를까. 제대로 입은 걸 보더니 서로 달라고 한다. 안 줬다. 고소하다.

김한나 : 엄마, 이 옷 진짜 신기해. 그렇게 촌스러워 보이더니 조끼가 되니까 완전히 달라졌어. 이렇게 검정색 재킷 안에 받쳐 입으니 디자이너 브랜드 옷처럼 보이지 않아? 그런데 우리, 똑같은 옷 입고 심사받는 거야?

신경옥 : 하하하! 그러네. 심사받는 거 맞네. 그럼 너는 재킷 안에다 입는 걸로 해. 엄마는 재킷 위에다 입고 점수 따볼 테니까. 옷이라는 게 원래 마음대로, 배짱대로, 창의력 있게 입어야 제맛 아니니?

재킷 뜯어 조끼 만들고 있는데 소림사 주방장 같단다

한나 아빠, 이 재킷 안 입을 거지?

옷장 속 깊숙한 데를 뒤지다 보면 언제나 한두 가지쯤, 전혀 예상치도 못했던 보물을 발견하게 된다. 특히 아주 구식 디자인이거나 추억이 있는 옷들은 누굴 주거나 버리지도 못하고 쟁여두게 된다. 오랜만의 옷장 정리에서 얻은 남편의 재킷. 원단이 좋아서 고쳐 입어야지, 하고는 아껴 두었는데 까맣게 잊었다. 반가웠다.

한나야, 이걸로 뭐 해 입을까?

뒤탈이 생기지 않도록 남편에게 입혀 보았더니 아니나 다를까 작아져서 못 입게 생겼다. 반가운 마음에 덜컥 걸쳐보았더니 품이 넉넉하고 편안하다. 그 즉시 궁리가 시작되었다. 이걸로 뭐 해 입으면 좋을까? 칼라를 뜯어내고 브이넥 재킷을 만들까? 아니면 밑단에 다른 원단을 붙여서 코트로? 생각이 왔다 갔다 그런다.

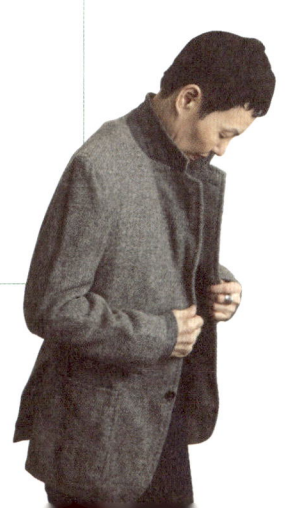

복잡하게 그럴 게 뭐 있나! 싹둑, 소매를 잘라 버렸다

나는 원래 복잡한 걸 싫어하는 사람이다. 단순한 게 좋아, 하면서 살다 보니 그게 인생관처럼 되어 버렸다. 옷 입는 것도 다르지 않다. 내가 좋으면 그냥 입는다. 쭉쭉 찢어서도 입고, 박음질을 하다 만 것도 괜찮아 보이면 그냥 입고, 소매 끝이 나달나달해도 내가 좋으면 입는다. 남의 눈치를 볼 게 뭐 있나 싶다. 내 인생인데 내 마음대로지.

이 옷을 고쳐 입자, 하고서 아주 잠시 복잡한 생각도 해보았지만 이내 본래의 나답게 돌아왔다. 뭔가를 가져다 붙이면 까다로워지니까 떼어버리는 쪽으로! 게다가 잘못 붙였다가는 멀쩡한 옷 잡아먹고 말기 십상이다. 자신 없을 때는 아주 사소한 부분에서 변화를 주는 편이 현명하다. 옷이나 인생이나 다 그렇다.

소매를 떼어냈다. 솔기 부분을 얌전하게 박을까 하다가 시접이 드러나게 처리했더니 오히려 멋스러운 느낌이 드는 것 같다. 살짝 구식 분위기가 나는 것이 마음에 든다. 어떤 옷과 매치해도 쉽게 어울릴 것 같아 기분이 좋아졌다. 얼마 전에 만든 체크 바지(아! 이건 분명히 바지다. 치마가 아니라 바지! 일명 신경옥 식 과한 배기바지!)와 함께 입고는 윗주머니에 행커치프 하나 쏙! 사람들이 또 탐을 낸다. 내 스타일이란다. 그런데 대체 내 스타일의 정체는 뭘까?

한결같은 모습으로
사는 것도 좋지만
가끔은 뒤집어 살아보는
세상도 괜찮다

"엄마는 원래 그래"라는 말을 들으면 섭섭하다. 원래 그런 사람이 어디 있을까. 살다 보니 그렇게 되어버린 거지. 그게 최선이니까 그렇게 살 수밖에 없었던 거지. 엄마로서도, 아내로서도, 혹은 사회생활을 하는 신경옥으로서도… 가급적이면 '원래 그런 사람'으로 보이지 않기 위해 애쓰지만 그럼에도 불구하고 마음대로 잘 되지는 않는다. 그래서 억울할 때도 있다.

/

가끔 엉뚱한 짓을 할 때가 있다. 이를 테면 멀쩡한 옷을 뒤집어 입어보는 식이다. 앞뒤를 바꿔 입어보거나, 아래위를 바꾸거나 해보는 것. 그렇게 하는 것이 법으로 금지된 일도 아니니 못 해볼 까닭이 없다. 해보면 새롭다. 아! 이렇게 입어도 괜찮은 옷이었구나, 하고 발견하게 된다. 옷도 인생도 정말이지 닮은 구석이 참 많다.

니트 조끼를 입으려다가 괜히 소매에다 머리를 디밀어보았다. 어? 생각보다 멋스럽다. 이렇게 입어도 괜찮은 것을 그동안 반듯하게만 입었다. 가끔은 이렇게 시시한 일탈이 필요한 것 같기도 하다. 한없이 길고 고단한 우리 인생에서는.

신경옥이 애정하는 배기바지＋@

PANTS? BAGGY PANTS!

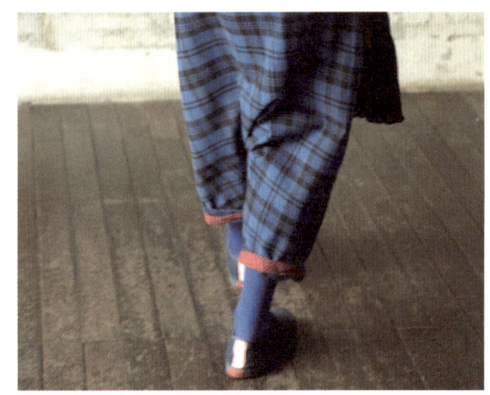 

이상하게 스커트보다는 바지를 즐겨 입게 되는 편인데, 그건 아무래도 공사 현장에서 막일하며 사는 날이 많은 덕분일 거다. 하지만 여자의 특권인 스커트를 아예 포기하고 살 수야! 그런저런 생각으로 지어 입기 시작한 옷이 바로 배기바지 되시겠다. 바지는 바지되 그냥 바지는 분명 아니다. 헐렁헐렁 홀러덩, 참으로 편안한 고쟁이 스타일 배기바지다. 가끔은 안 입었나? 하면서 깜짝 놀라 아래를 내려다볼 때도 있을 정도로 말이다. 나잇살도 감춰주고, 볼품없는 각선미 걱정도 지워주는 기특한 녀석. 이런 걸 살 수야 있나? 파는 데가 있기나 하겠나? 그러니 만들어 입을 수밖에. 단, 다리 꼬기 좋아하는 여자들에게는 아주 불편할 확률이 높다.

SKIRT? BAGGY PANTS!

처음에는 바지에 가깝게, 살짝 소심하게 만들었지만 점점 대담해져서 만들 때마다 조금씩 스타일을 달리한다. 발목 부분을 좁게 만들어서 바지 같은 느낌을 줄 수도 있지만, 아예 밑단을 통바지처럼 넓게 디자인해서 스커트 같은 멋을 강조해 보기도 하는 것. 스커트에 가까운 배기바지는 어쩐지 월남치마 냄새가 풍기기도 하지만 질책할 구석이 전혀 없을 만큼 완벽하게 편안하다. 상의를 몸에 착 붙는 스타일로 맞춰 입으면 볼수록 독특한 멋쟁이 느낌까지 풍긴다. 장담하건대 배기바지를 입기 시작하면 다른 바지는 못 입는다. 언뜻 보기에는 키 크고 마른 여자들에게나 어울릴 것 같지만, 의외로 이런저런 몸매에 두루 잘 어울리는 마력이 있다.

배기바지 + 수제 조끼

① 언밸런스한 길이의 모직 조끼
검은색 모직 원단을 잘라 만든 조끼인데 '잘라 만들었다'고 표현한 이유는 바느질을 최소화한 디자인 때문이다. 네크라인, 암홀, 밑단까지 재봉틀을 하나도 대지 않고 시접을 그대로 노출시킨 누드 조끼라고 할 수 있다. 2장의 앞판과 1장의 뒤판을 연결할 때, 앞판의 여밈 부분을 접어 박을 때, 그리고 주머니를 달 때만 재봉틀의 힘을 빌렸다. 참! 앞판 2장의 길이를 다르게 해서 밋밋한 감을 싹 없앴다.

② 레이어드 디테일을 살린 이너웨어
너무 두꺼운 이너웨어보다는 얇은 옷을 겹쳐 입는 걸 좋아하는 편이다. 없는 옷이나마 있어 보이게 입고 싶다면 레이어드에 주목할 필요가 있으니 그렇다. 노력 대비 상당한 효과를 발휘하니까. 청색의 폴라 티셔츠 안쪽에 선명한 초록색 티셔츠를 겹쳐 입었는데 소매 부분만 살짝 보이게 해서 과하지 않은, 디테일의 힘을 과시해 보았다.

③ 발목이 좁은 스타일의 배기바지
배기바지에도 여러 가지 스타일이 있는데 여기서 입은 것은 발목이 일자바지처럼 좁은 스타일이다. 엉덩이 라인을 최대한 다리 쪽으로 끌어내려서 스커트 같은 편안함을 주면서 종아리 부분만 바지의 디테일을 살려준 셈이다. 이런 스타일의 배기바지는 길이감 있는 상의, 그러니까 롱코트나 트렌치코트 같은 것을 입을 때 매치해도 무난하게 잘 어울린다.

배기바지 + 리폼 조끼 + 리폼 셔츠 + 수제 재킷

① 배기바지 입고, 리폼 조끼 입고!
모직 소재의 도톰한 셔츠를 조끼로 변신시켰다. 칼라와 소매를 없앤 후 차이나 칼라의 조끼로 만든 것. 스커트, 팬츠 가릴 것 없이 어디에나 받쳐 입기에 딱 좋은 아이템이다. 물론 배기바지에도 안성맞춤이다. 너무 무난한가 싶어서 주머니로 포인트를! 주머니를 조끼의 밑단보다 더 내려오게 부착했더니 은근히 감각적이다. 핸드폰이나 카드 지갑 같은 걸 넣기에 아주 유용하다.

② 배기바지 입고, 리폼 조끼 입고, 리폼 셔츠 입고!
조끼와 함께 리폼한 또 하나의 아이템으로 역시 체크 패턴의 모직 셔츠를 활용했다. 소매의 여밈 부분을 잘라 7부 소매로 만들고, 엉덩이를 덮는 밑단도 잘라서 다소 짧은 길이감으로 완성. 셔츠보다 긴 이너웨어를 입으면 레이어드 감각을 높일 수 있다. 역시 기존의 칼라를 떼어낸 뒤 차이나 칼라로! 안쪽에 리폼 조끼를 입고, 그 위에 셔츠를 입어 보았는데 체크와 체크의 매치, 괜찮다.

③ 배기바지 입고, 리폼 조끼 입고, 수제 재킷 입고!
노멀한 스타일을 좋아하는 사람들을 위해 한 가지 더! 패턴이 있는 조끼를 입었으니 아우터는 무난한 단색으로 톤 다운시켜 보는 것도 좋다. 베이식한 스타일의 재킷이 배기바지와 조끼의 개성을 살짝 눌러준다. 이 재킷은 오래전에 만들어 입은 것. 목이 살짝 올라오는 차이나 칼라로… 그런데 혹시 내 몸 속 어딘가에 중국인의 피가 흐르는 게 아닐까? 왜 이렇게 차이나 칼라가 많은지 모르겠다.

배기바지가 디자이너 코트를 만났을 때

낙타도 울고 갈 만큼 심도 있는 카멜 색 코트. 디자이너 브랜드 '엔 주홍'의 홍은주 선생이 만들어주신 나의 러브 아이템이다. 시접은 자연스럽게 살리고, 빨간 나뭇잎 장식이 곁들여진 독특한 디자인의 이 코트는 품이 넉넉한 오버 사이즈라 편안하게 입기에도 딱 좋다. 코트도 입은 듯, 안 입은 듯 편안한데 배기바지까지 곁들이면… 등산도 할 수 있다. 날아갈 것처럼 편하다!

오래 입겠다고 작정한 옷이라면 원단에 목숨 걸어도 좋다

지금까지 내가 꺼내놓은 옷들을 구경하면서 독자들은 무슨 생각을 했을까. 좋게 말하면 '개성이 강하구나' 하지만 흠잡자 치면 '옷을 너무 대책 없이 막 입는 거 아닌가?' 했을 수도. 사실, 그런 면이 없지 않아 있지만 말이다.

이번 책에 소개한 옷들이 나를 대변하는 스타일이라고 딱 꼬집어 말할 수는 없다. 매우 제멋대로이고, 기분파여서 언제 어떻게 입을지 내 마음을 나도 모른다. 하지만 일상의 대부분은 아주 기본적인 옷을 입고 지낸다. 지극히 무난하고도 베이식한 그런 옷들.

내가 유독 아껴가면서 입는 리넨 롱 재킷. 겨울을 제외하고는 1년 내내 열심히 입게 되는 옷이다. 오래 입겠다고 작정하고는 원단을 고급으로 골라서 내 몸이 좋아하게 맞춤으로 만들었다. 아우터 중에서 몇 벌쯤은 이렇게, 질 좋은 아이템을 갖춰둘 필요가 있다. 길게 보면 그게 남는 장사다.

막 입어도 느낌 있게,
느낌 있어도 편안하게!
신경옥이 꾸미는 법

	YES	NO
① 신경옥은 적어도 30년 이상 쇼트 컷이다	✓	☐
② 신경옥은 화장을 잘 안 하는 버릇이 있다	✓	☐
③ 신경옥은 보석 말고, 스카프 좋아한다	✓	☐
④ 신경옥은 겹쳐 입는 재주가 있다	✓	☐
⑤ 신경옥은 색의 궁합을 본다	✓	☐
⑥ 신경옥은 주로 바지를 입는다	✓	☐
⑦ 신경옥은 양말에 운동화를 신는다	✓	☐

LETTER 4
또 신경옥입니다

저는 옷에 대해 특별한 애착을 갖지는 않습니다. 아니, 애착은 있지만 집착하지는 않습니다. 그래서 잘 주고, 잘 얻어옵니다. 늘 사는 스타일의 옷을 또 사게 되니 별 수 없이 뜯고, 고치고 하는 일도 다반사입니다. 그렇게 수십 년을 살다 보니 수선집 아줌마 같은 자태가 절로 쌓여갑니다. 북북 뜯고, 찢고, 이어박고… 그러는 일이 재미있으니 어쩌겠습니까. 옷 하나 가지고도 석 달 열흘은 족히 놀 수 있게 생겨먹었습니다. 저란 사람은.

옷 입기에 있어서 무엇보다 중요한 것은 디테일이라고 생각합니다. 그 사람을 떠올리면 딱 그려지는 이미지가 있어야 한다는 거지요. 그 여자, 하면 검정색이 떠오른다거나, 청바지가 잘 어울리는 여자라고 느껴진다거나, 색 배합이 남다르다고 감탄하게 된다거나, 옷보다 액세서리 매치를 잘한다고 생각된다거나… 뭐 그런 것들 있지 않습니까? 그런 디테일 하나쯤은 갖춰둘 필요가 있더라는 거지요.

제가 뭘 하나 입고 나가기만 하면 주변 사람들이 그럽니다. 신경옥부티크야? 고쳐 입기 좋아하고, 만들어 입으면서 흥이 난다는 걸 다들 아는 까닭이겠죠. 그러니까 저의 디테일은 값싸고 실속 있는 것을 사다가 혹은 누가 입던 것을 얻어다가 별스럽게 고쳐 입는 쪽에 가까운가 봅니다. 뭐, 그것도 나쁘지는 않은 것 같습니다.

/

아이들 키우면서도 비싼 옷, 고급 옷은 별로 사 입혀보지 않았습니다. 물론 저 역시도 마찬가지입니다. 줄이거나 늘려가며 입히고, 고쳐서 모양내어 입히고, 원단 사다가 만들어 입혔습니다. 애들 옷 해 입히면서 제 것도 함께 만들어 입고는 했습니다. 옷만 만들었을까요? 가방도 만들고, 목걸이와 팔찌도 만들고 했다지요.

그런데 그런 것도 기운 좋고 감정 팔팔할 때 즐길 수 있는 일이었나, 싶습니다. 언제부턴가는 살살 꾀가 나고, 눈도 흐려져서 재봉질 하는 것이 썩 마음에 들지 않게 되었습니다. 한데 평생을 그렇게 이상스럽게 입고 살다 보니까 옷을 사면 그냥 입게 되질 않았습니다. 아무래도 부티크 출신(?)이라 그런가 봅니다.

그래서 저는 요즘 이렇게 합니다. 신경옥에게 특별한 스타일이 있다고 보인다면 다 이런 수작(?)이 숨어 있기 때문일 겁니다.

/

① 헌 옷도, 새 옷도 무조건 고쳐 입습니다
물론 리폼은 직접 합니다. 아무렇게나 제 마음대로 하지요. 리폼도 자꾸 하다 보면 기술이 좋아지면서 과감해집니다. 그러니 잘 못하더라도 계속할 필요가 있습니다.

고쳐 입으면 어떻고, 얻어 입으면 좀 어떻습니까?

② 옷 가게보다 원단 시장에 더 자주 갑니다
원단 시장에 갔다가 옷 만들기 좋은 감을 만나면 끊어 옵니다. 물론, 싸고 실용적인 원단도 있고 조금 비싼 원단도 있습니다. 땡처리 원단도 곧잘 삽니다. 그런 것들 조금씩 사다가 쟁여두면 리폼할 때 아주 큰 공을 세우지요.

③ 특이한 옷은 주로 구제시장에서 구입합니다
몇 천원에서부터 1만~2만원대까지… 구제시장에는 상상을 초월하는 가격에, 상상을 초월하는 품질의 옷들이 무궁무진합니다. 가보면 압니다. 그것도 자꾸 가봐야 잘 사는 요령이 생깁니다. 구제시장에 대한 보다 자세한 정보는 책의 뒤쪽에서 공개하겠습니다.

④ 꼭 입고 싶은 명품 옷은 되도록이면 고급 원단을 사서 솜씨 좋은 곳에 바느질을 맡깁니다
짝퉁이면 어떻습니까? 사람이 살다 보면 그럴 수도 있는 거지. 제가 유독 돈 쓰는 아이템들은 주로 외투 종류입니다. 재킷, 코트 같은 것들. 눈에 차는 것들은 무시무시한 가격이라 아예 맞춤옷으로 방향을 틀었습니다.
사실 예전 같았으면 다 만들어 입었을 텐데… 요즘은 앞뒤 가리지 않고, 재지도 않고 그냥 맡깁니다. 고급 원단을 사다가 미리 스크랩해 둔 명품 디자인으로 맞춰 입는 거지요. 일종의 양장점 같은 방식입니다. 바느질 못하는 분들은 저처럼 해보셔도 좋습니다. 물론, 솜씨 좋은 전문점을 소개받는 것이 우선입니다.

⑤ 가능하면 액세서리는 자제하고, 수제 스카프나 가방 같은 것들로 힘을 줍니다
그렇습니다. 저는 목걸이, 팔찌, 귀고리 같은 거 잘 안 합니다. 기왕에 하는 날은 통 크고 과감하게 하죠. 아! 반지는 좋아하는 편입니다. 반지보다 더 좋아하는 건 스카프입니다. 스카프는 거의 다 직접 만든 것들입니다. 얇은 거, 두꺼운 거, 폭이 좁은 거, 폭이 넓은 거, 겹쳐 박은 거, 이어 박은 거… 다양합니다. 스카프 몇 점 레이어드해서 둘둘 감으면 천하무적입니다. 무난한 옷에 힘이 딱 생기지요.

/

요즘은 제 옷보다 딸에게 입힐 옷을 고치게 됩니다. 아무래도 아들은 남자라 그런지 차별하게 되데요. 제 옷 같았으면 그냥 안 입고 말았을 텐데 딸의 옷을 손보는 건 하나 귀찮지가 않습니다. 어쩔 수 없는 어미 본능인가 봅니다.
엄마가 이상스럽게 만들어 놓은 옷을 우리 한나는 잘도 입어냅니다. 고마운 일이지요. 누군가 나타나서 그 아이를 채가기 전에 더 많이 지어 입혀야겠다고 생각합니다. 요사이, 작정하고 고쳐 입힌 옷 몇 벌 소개하겠습니다. 물론 모델은 김한나입니다. 신경옥의 딸입니다.

목걸이에서 스커트까지, 엄마의 리폼 플레이

한동안의 병치레 탓에 살이 쏙 빠진 딸을 위해 헐렁해진 스커트에 손을 좀 댔다. 시접을 뜯어서 고치는 건 재미없으니 품은 그대로 두고 허리 부분에 리본 장식 같은 벨트를 달아주는 걸로. 스커트 앞단 밑자락에는 빨간 원단으로 두툼한 라인을 만들어 박아주고, 뒷단 자락에는 빨간색 실로 바늘땀을 만들어 넣었다. 평범하던 스커트가 산뜻한 공주풍이 되었다. 내친김에 조각 원단 박아서 목걸이 줄을 만들고 반지를 끼워 목걸이로 대신했더니 잘 어울린다. 면 티셔츠에 모자 씌우고, 신발까지 세팅 완료! 이러고 있으니까 다시 유치원 보내는 기분이다.

엄마, 남자애들 쫓아오게 생겼다

내려다보고

걸어도 보고

고무줄 넣어 주름잡은 점퍼스커트

젊음이 무기다. 젊은 애들은 뭘 입어도 다 예쁘다. 사내 옷을 입혀 봐도 멋지고, 공주 옷을 입혀도 곱다. 좋겠다. 편안하게 입을 수 있어서 좋아하는 옷, 점퍼스커트. 앞자락의 끝단을 살짝 접어서 가벼운 주름을 만들고는 뒷단은 좀 과감하게 고무줄을 넣어서 장식해 보았다. 옆구리에 보일 듯 말 듯, 리본테이프를 박아 놓았더니 한결 여자스럽다. 오늘은 모델이니까 머리에 스카프도 써라.

뒤돌아보고

예쁜 짓까지!

아들아이 스웨트셔츠로 만든 윗도리치마 두 벌

윗도리치마 ①
아들아이, 그러니까 한나의 장성한 남동생이 입었던 큼지막한 스웨트셔츠가 버려지는 듯하기에 결단을 내렸다. 목 부분을 싹둑 잘라버리고 고무줄을 넣어 스커트로! 별로 한 것도 없다. 아! 소매를 떼어낸 자리를 주머니로 만들어주었지. 머리 들어가는 입구에 허리 넣어도 잘 맞는 걸 보니… 얘가 마르기는 엄청 말랐나 보다. 속상하게! 어린 딸이 있는 집이라면 엄마 아빠 티셔츠로 얼마든지 만들어줄 수 있겠다.

윗도리치마 ②

빨간색 포인트 원단이 덧대어져 있어서 한결 더 독특하게 보이는 또 하나의 윗도리치마! 역시 앞에서 소개한 것과 같은 방법으로 리폼했는데 단, 허리 부분에 검은색의 두툼한 고무줄을 덧댄 뒤 빨간 실로 박아서 마무리했다. 소매로 붙어 있던 원단을 떼어 주머니로 만들어보았는데 주머니를 밖으로 꼬집어내서 스타일링 했더니 이것도 재미있다. 하여튼 옷도 자꾸 머리를 써야 재미있게 입을 수 있다.

LETTER 5
〈에프북〉 김수경입니다

사실, 지금 이게 책이니까 좋은 말만 하는 거지요. 책에다 대고 굳이 험담할 필요는 없는 거 아니겠어요? 사람이 다 거기서 거기인 건데… 신경옥이라는 양반이 아무리 대단한들 흠이 없기야 하겠습니까? 좋은 게 좋은 거라고, 명랑 만화에 감동 스토리만 엮어 놓았으니 실제보다 책 속의 그녀가 훨씬 더 있어 보인다, 이거지요. 제 말은.

제가 왜 이렇게 삐딱 선을 타고 있는가 하면 말입니다. 패션 감각에 대한 이야기를 하다 보니 문득, 아주 오래전에 그녀가 제게 주었던 상처들이 새록새록 되살아나서입니다. 모진 말도 참 쉽게 해요, 이분은. 게다가 뒤끝도 없으니 말해 놓고 그 자리에서 다 잊어버리지요. 곱씹어봤자 저만 속 좁은 인간으로 추락하게 될 형국이라, 그 자리에서 꿀꺽 삼켜버리고 말았던 일입니다만… 말 나온 김에 좀 해야겠습니다.

때는 바야흐로 제가 〈리빙센스〉라는 잡지사에서 차장 직함을 달고 있을 때였습니다. 고된 촬영 후에 저녁 식사나 하자고 마주앉았는데 어찌어찌하다 보니 신경옥 님의 지인들이 하나둘 모이데요. 다섯이 되고, 열이 되었습니다. 물론, 여자도 있고 남자도 있는 인테리어 대가들의 모임이었지요. 하하호호 서로 즐거운 얘기들 나누면서 흥겨운데 이분께서 갑자기 저를 보고 인상을 팍 쓰더니 이럽디다.

"얘, 그 목걸이 좀 빼버려. 그런 건 왜 하고 다니니? 얼른 빼!"
헉! 드시던 음식이나 계속 드시지 왜 남의 목걸이한테 그런답니까? 당신이 사준 것도 아니고, 제 손으로 제 돈 들여서 산 건데 무슨 권리로? 게다가 사회적 지위를 갖춘 사람들이 그렇게 많은 자리에서? 하! 그런데 속없는 저는 한 치의 망설임도 없이 목걸이를 뺐지요. 뱉도 없이!

그리고 얼마 전에 있었던 또 하나의 사건. 이 책에 모시기 위해서 포북 출판사 대표님들과 우리 에프북 식구들이 총출동한 자리였습니다. 밥 먹으며 가볍게 생맥주 한 잔씩 하고 있는데 또 갑자기 버럭 그럽니다.

"수경이는 왜 지한테 어울리지도 않는 시계를 찼을까?"
어머나! 별꼴이 반쪽일세. 그 시계가 얼마짜린데! 시계 알이 신생아 머리통만 한 데다 보석이 얼마나 많이 박힌 건데! 슬그머니 부아가 치밀어 오르데요. 번번이 왜 그런답니까? 사람이 가만히 있으니까 가마니인 줄 아나, 참자참자 하니까 참기름인 줄 아나, 보자보자 그러니까 보자기인 줄 아나… 궁시렁궁시렁. 그런데 저요. 그 시계, 말 떨어지기가 무섭게 뺐습니다. 빼서 사랑하는 우리 막내에게 줘버렸습니다. 자존심도 없이!

> "아이고 애, 너는 제발 그 이상한 목걸이 좀 버려!"
> "너는 왜 어울리지도 않는 시계를 찼다니?"
> 그녀가 준 모진 상처를 만천하에 고!합!니!다!

하하하! 괜히 그냥 웃자고 한 얘기입니다. 사실 제가 만천하에 알리고 싶은 진짜 속내는 험담이 아니라, 그녀의 '보는 눈'에 대한 것입니다. 보통이 아닙니다. 예리합니다. 말은 굉장히 어눌하게 하지만 눈빛은 매의 그것보다 강렬하게 번뜩이거든요. 그래서 그 어른을 만나러 가는 날은 꼭 맞선 보러 나가는 기분입니다. 잘 보이고 싶은가 봅니다. 아니, 오늘은 또 어떤 게 퇴짜를 맞을까 두려운 게지요.

'감'이 좋은 사람들을 만난다는 것은 참 즐거운 일입니다. 적당한 긴장감을 갖게 합니다. 그 사람에게서 하나둘 배우고 얻어지는 것들이 있을 때는 더더욱 그렇습니다. 감이 좋으면서 인간애까지 있는 그 어른이 부럽습니다. 저는 죽었다 깨도 못 따라할 인생입니다. 옷 해 입고, 집 꾸미고, 사람 아끼고 인생 사랑하는 방법까지… 훈수 두고 끌어주면서 가르쳐줄 때 열심히 배워볼 참입니다.

리어카에서 만원 주고 샀던 그 목걸이는 그날로 결별했습니다. 대신 몇 곱절은 더 탐나는 목걸이가 그녀에게서 저에게로 건너왔지요. 선물이라 그러더군요. 앗싸! 그랬습니다. 시계 빼라 강요하던 그날도 당신 딸이 차고 있던 시계를 풀게 했습니다.

"한나야, 그거 수경 언니 줘. 언니한테 잘 어울리겠다."

"그래. 맞다. 언니 이거 해!"

엄마나 딸이나 참 선선하기도 합니다. 사실, 보석 박힌 그 시계를 찰 때마다 '이건 나한테 영 안 어울리는데…' 했었는데 귀신이 따로 없다, 그랬습니다. 그래도 내 시계 남 주고, 남의 시계 얻었으니 쌤쌤입니다. 그때 받은 얇고 앤티크한 그 시계, 지금도 잘 차고 다닙니다.

아주 사소한 디테일을 즐기는 나의 스카프 퍼레이드

스카프 ① 염색 원단으로 만든 스카프를 소개한다. 스카프의 끝자락에 서로 다른 철제 장식 하나씩 달았다.

스카프 ② 쁘띠 스카프 끝자락에는 길고 우아한 리본테이프를 달아서 그럴듯하게 연출해 본다.

스카프 ③ 두 장의 서로 다른 스카프를 함께 둘렀다. 때론 석 장, 넉 장도 한꺼번에 두른다.

스타일링 ① 인조 퍼 2천원, 모직 머플러 3천원! 밍크 목도리가 왜 필요한가?

내친김에 촬영 팀과 다 함께 시장에 갔다가 한 보따리씩 이고 지고 돌아왔다. 거기서 고른 모직 머플러는 감도 나쁘지 않고, 촉감은 더더욱 부드러운 게 따습다. 그냥 둘러도 되지만 그러면 나답지 않으니까 절반으로 접어서 싹둑 자른 뒤 자른 쪽에다 역시 헐값에 구입한 인조 퍼를 박아주었다. 길게 두르는 퍼 머플러는 흔히 볼 수 있지만 이렇게 짧은 스타일은 찾기 어렵다. 한 번만 감아서 묶어주면 스타일링 끝. 참 쉽기도 하지.

스타일링 ② 젊음의 상징, 스트라이프 원단을 바느질도 없이 둘렀다! 괜찮지 않나?
복잡하게 생각하면 한없이 복잡한 인생이지만 단순하게 여기면 또 끝도 없이 쉽게 살 수 있다. 어디다 쓸 지는 알 수 없지만 땡처리를 한다기에 들고 왔던 천원짜리 원단. 스트라이프는 어지간하면 일단 서너 살 쯤 젊어 보이게 하는 마력이 있다. 그러니까 마음에 드는 스트라이프 원단이 있을 때는 사고 보는 것이 좋다. 신축성도 좋은 이 원단은 그냥 목에 감아본다. 굳이 시접을 접어가며 공들이고, 시간 들여서 바느 질을 할 필요는 없다.

아주 납작한 디테일을 사랑하는 나의 신발 퍼레이드

금은보화를 얹어준다고 해도 불편한 아이템은 사양한다. 더구나 신발을? 그러다 허리 다치고, 관절 망가지면 나만 손해다. 그래서 나는 언제나 운동화, 운동화, 그러다가 가끔 고무신 스타일의 단화를 신는다.

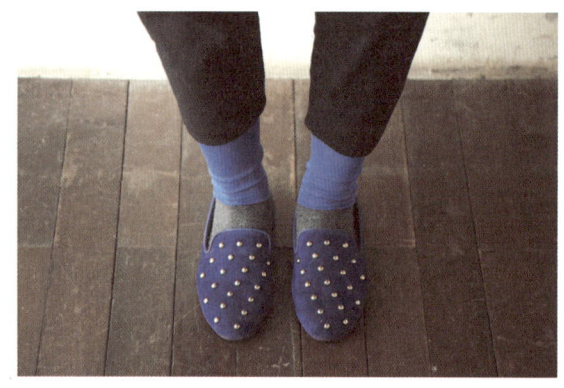

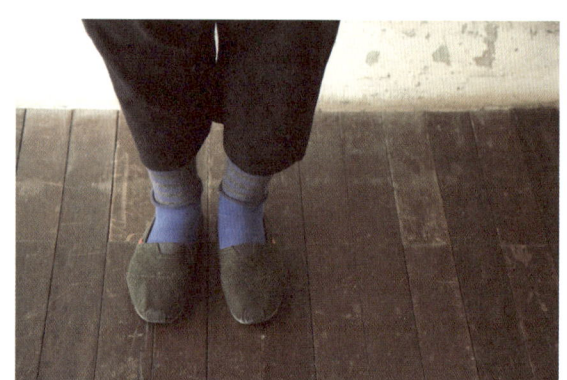

평범한 운동화도 업그레이드시켜 주는 양말이 좋아

옷은 주로 무채색을 즐기는 편이지만, 그 와중에도 양말이나 스카프 같은 것은 상당히 색스럽게 골라서 곁들인다. 안 그러면 저승사자처럼 보일 수도 있기 때문이다. 가뜩이나 무서워 보인다는 말을 곧잘 듣는데 어디 한구석, 귀여운 포인트라도 줘야겠다고 생각했던 거다. 게다가 젊었을 때는 올 블랙 어쩌구 해도 시크하게 보이지만, 세월과 친구 먹고 살다 보면 눈치 빠르게 입을 필요가 있다. 나처럼 편리를 우선으로 삼고 신발을 고르는 사람이라면 양말로 꽃을 피우는 것이 방법이다. 싼 값에 아주 크게 덕을 볼 수 있게 해주는 것이 양말의 능력이기도 하다.

/

똑같은 신발, 그것도 아주 하찮은 운동화라고 해도 어떤 양말과 매치하는가에 따라 달라 보인다. 아니, 실제로 발걸음까지 달라지는 듯하다. 스카프만큼이나 잔뜩 쟁여두고 사는 또 하나의 아이템, 나의 비밀 병기 중 하나가 양말인 셈이다.

언니 바지가 늘 짧은 게 양말 때문이었구나

스카프로 쓰면 어떻고, 치마로 둘러본들 또 어떠랴

내 몸에 맞고, 내 마음에 맞으면 그게 패션인 거지!

신경옥에게 / 산다는 것

왜 그런지 자꾸 촌스러운 게 좋아집니다

LETTER 6

다시 신경옥입니다

호텔에서 주는 아침밥을 먹을 때 참 좋습니다. 대접받는 것 같아서 기분이 째집니다. 애 어른 할 것 없이 다 그렇겠지요. 격식 갖춰 차려낸 음식을 싫어하는 이가 어디 있겠습니까. 그런데 말이지요. 돼지저금통처럼 불룩하게 나이를 먹고 있자니 조금씩 달라지는 것들이 있습디다. 정녕 그렇습니다.
이를 테면 이런 것들입니다. 호텔 밥은 여전히 좋습니다만, 그보다는 엄마 밥상이 더 그립습니다. 우리 동네 진주식당 아줌마의 촌집 밥상도 꿀맛입니다. 사실은 호텔 밥보다 그 집 밥이 더 좋습니다. 흙이 기른 풀 떼기들 따다가 조선간장에 참기름 똑똑 떨어뜨려 무쳐 낸 그 손맛을 마다할 이유가 없는 거지요.
어디 음식만 그렇겠습니까. 집도 그렇고, 옷도 그렇고, 사람 역시도 다르지 않습니다. 완벽하게 격식을 갖춘 '그 무엇'은 불편한 데다 싫증이 쉽게 납니다. 무난하고 무덤하게, 그러다 가끔씩은 무심해지기도 하면서… 그렇게 먹고 입고 사는 것이 편안해서 좋습니다.

촌스러워지는 게 아닐까, 했습니다만 사실 '촌스럽다'는 말은 '자연스러워진다'는 말 같습니다. 너무 가공하지 않고, 가면 쓰지도 않고, 생김 그대로 사는 일이 얼마나 귀한지를 깨닫게 되는 것이라고나 할까요. 그걸 아는 데 60년 가까이 걸렸으니 애들은 알 턱이 없을 테지요.
집 얘기 나누고, 옷 이야기도 건넸으니 이제 사는 얘기를 좀 해볼 차례입니다. 인테리어 디자이너 운운하는 이름이 무색해질 만큼, 저는 좀 촌스러운 습성이 있습니다. 땅에서 갓 캔 감자나 고구마처럼 흙 묻은 그대로의 모습이 좋더라는 거지요. 그런데 젊디젊은 이들의 눈에는 그런 제 모습이 특별해 보이는 모양입니다. 자꾸 멋지네 뭐네 하면서 기 살려주는 통에 그나마도 어깨 쫙 펴고 삽니다.
같이 모여 앉아서 기쁘고 명랑하게, 살아가는 얘기 좀 나누는 건 어떨까요. 덕담을 하고, 입이 찢어져라 웃고, 서로서로 농도 좀 걸면서 지내다 보면 하루가 후딱 가는 법입니다. 관심 두고 보면 세상에는 참 즐거운 '꺼리'들 천지입니다.

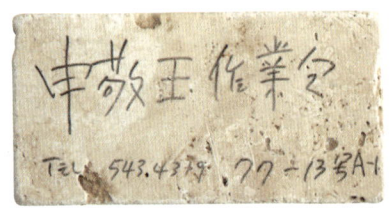

오래전, 신사동 가로수길에
작은 점방 하나 차려 놓고는
〈신경옥 작업실〉이라고
위풍당당 이름 붙인 적 있었다.
잡지 촬영도 하고, 상담도 하면서
살짝 정붙이고 지낸 일터였다.

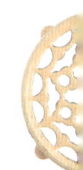

용도도 불분명하고 수익도 없는,
그 이상한 작업실은 진즉에 사라졌다.
그럼 그렇지. 내가 그렇지.
묶인 데 없이 사는 습성이 몸에 뱄는데
작업실이라고 나를 바꿀 수 있었겠나.
요즘 나는 집에서 작업 건다. 이게 맞다.

병을 보면 뭘 담고 싶어서
자꾸만 쟁여두는 습성이 있다.
바꿔야 한다.
담는 것보다 더 중요한 일은
덜어내고 버리는 일이라는 걸
어찌 모를까.
나, 왜 점점 우리 엄마 닮아가니?

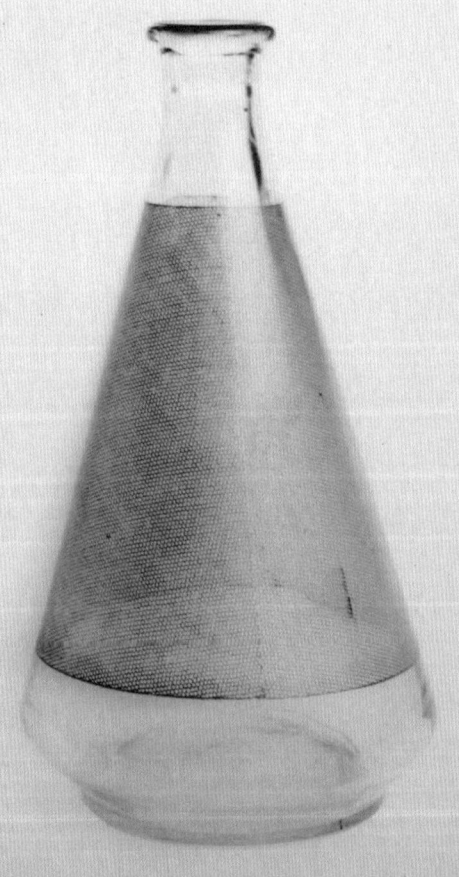

january

01 02 03 04 05 06 07 08 09 10 11 12 13 14 15 16 17 18 19 20 21 22 23

병도 아닌 게 감히! 그런데 붕어가 쌩쌩하네. 하! 이 간장병! 이걸 왜 아직도 가지고 있다니? 얘는 뭐였지? 무슨 병이었지? 샀나? 돈 주고?

남편이 벌어다 준 돈, 내가 번 돈… 병 사는 데 다 썼구나.

앞으로 내가 또 병을 사면 성을 간다. 그러면 간경옥이다, 내가.

그럴 줄 알았다! 이 병들 다 어떡할래?

아줌마로 사는 일이
무겁다 그러지만
아저씨로 사는 것도
아가씨로 사는 것도
영 가볍지는 않을 거다.
그래서 사람들은 가끔씩
술잔을 기울이는가 보다.
어쩌면 술잔이 아니라,
마음 기울어가는 소리가
듣고 싶은 것인지도 모르겠다.

꼿꼿하던 마음 자락 기울여 보겠다고
오늘 우리 집에 술손님 오신단다.

반가이 맞아줘야지.

얘기 들어줘야지.

인생이 무어냐고 물으신다면 이렇게 대답해야지, 생각했다. 인생이란 놀이가 아니냐고. 사실, 애들만 노는 것은 아니다. 놀이하듯 즐거워야 잘 살아지는 법이니까. 그런데 어른이 되면 자꾸만 노는 법을 잊어버린다. 그게 아쉽다. 곤지곤지와 잼잼으로 시작한 인생, 고무줄놀이에 사방치기로 술술 넘어가는가 싶더니만 어느 순간, 고꾸라지고 만다. 책상머리에 앉아 대학 갈 궁리하고, 또 책상머리에 앉아 성공할 꼼수 찾고, 그러다 계산기 두드리며 돈 벌 요량 잡느라 놀이와 담을 쌓게 되는 것이다. 너 나 할 것 없이 그러느라 시간 다 쓰고는 마감할 날 다가오면 '인생 헛살았지' 하면서 가슴을 쓸어내린다. 참 속상한 인생들이다, 우리는 모두.

이렇게 쓰고 있으니 왠지 내가 철학 있는 사람 같다. 이게 글이었으니 망정이지, 입으로 이런 논리를 풀었다면 방송 탈 뻔했구나.

신 나게 한판
놀아보는 게 인생 같다
놀다 가야지…
울다 갈 수는 없지

나는 노는 걸 좋아한다. 마음 맞는 사람들이랑 노는 걸 좋아한다. 오늘은 또 뭐 하고 살았는지 묻는 게 흥미롭고, 내일은 어떻게 살 것인지 수다로 풀어보는 일이 정답다. 그럴 땐 맛난 게 빠질 수 없다. 지상 최고의 음식들로 그들을 반기고, 헛헛해서 외로운 그네들 마음에 그 음식들을 부어준다. 힘내, 라는 내 마음이다.

하루 걸러 모임이 있고, 하루가 멀다 하고 사람들이 북적이는 내 집 그리고 내 인생. 이런 일상이 나를 힘나게 한다. 빈대떡이나 부쳐 먹으면 좀 어떤가. 사람이 희망이고, 사람 속에서 내가 살아갈 이유를 찾는 게 가장 아름다운 일이라 했는데.

애들 손님, 남편 손님(사실 남편 손님은 가뭄에 콩 나듯 그런 편이지만!), 내 손님 가리지 않고 반겨 맞으며 나이를 먹는다. 늙어서도 놀아달라고, 뒷방 늙은이 취급하지 말아 달라고 뇌물 쓰는 거다.

촬영 팀도 귀한 손님이다. 그래서 그네들을 위해 한상 차려볼 참이다. 아! 참 좋다. 오늘도 좋고, 곧 닥칠 내일도 좋고, 토마토도 좋고, 향긋한 와인 한 잔도 좋고, 너도 좋고… 또 한없이 모자란 나도 좋다.

이게 나토였나, 콩버무리였나.

은쟁반에 치즈 올라오십니다.

양초 등장하시고, 불 밝혀 주시고

빵집에서 공수해 온 바게트를 상에 올리기에….

저는 갓 구운 식빵으로 응수합니다.

이날은 딸이 상을 차렸다

비주얼을 중시하는 한나는 조금 까다로울 정도로 격식 있게 그림을 만든다. 차 한 잔을 마시려면 티 포트, 찻잔, 곁들이 스낵, 거름망 할 것 없이 완벽한 세팅이 필요한 아이다. 성격은 속일 수 없다고, 고단한 줄도 모르고 몸을 혹사한다. 피곤하겠다. 적당히 해도 된다고 말해 주지만, 다 자기가 좋아서 하는 일이니 별수 없다.

고단함을 자처하며 스스로 상을 차린 딸 덕분에 어지간한 와인 바와 견주어도 손색없을 법한, 가지런한 와인 상이 차려졌다. 그런데 쓱 둘러보니 배를 채울 것이 별로 없어 보이기에 냅다 부엌으로 달려가 식빵 하나 구워냈다. 생각 같아서는 쌀밥에 김치보시기도 올리고 싶었지만… 한나한테 혼날까 싶어서 포기했다. 우리 한나는 초 치면 진짜 화를 낸다.

패브릭 및 소품 협찬 : 핌리코(www.pimlico.co.kr)

현관문 열면서 채소 씻기 시작하고.

손님 발자국이 계단까지 당도했는데 여적 파를?

꾸덕꾸덕 마른 과메기 손으로 뚝뚝 자르고.

저 원통형 당근은 혹시 장식용 꽃꽂이?

그런데 과메기… 고놈들 군침 도네.

오늘은 엄마가 상을 차렸다

오늘은 내가 상을 볼 차례다. 나는 대충 한다. 아침부터 부산하게 움직이고 그러지 않는다. 시집가는 날도 느긋했던 내가 새삼 종종걸음 할 이유가 없으니 그렇다. 손님도 가족인 듯 맞아야지, 귀하게 맞으려고 하면 스트레스 받는 법이다. 그러면 놀기 싫어지니까 안 된다.

냉동실에 묵혀 두었던 과메기 꺼내고, 손님이랑 마주앉아 파 다듬고, 손님한테 숟가락 놓으라 그랬다. 그런데 딸의 상차림에 비해 살짝 졸렬해 보인다. 하기는 그럼 어떤가. 맛있으면 되지. 비릿한 과메기 씹고 나면 라면 국물이 당길 것 같아 컵라면에 물 부어 상에 올렸다. 참, 폼 없다.

딸아이의 상차림 2탄!
그렇게 비주얼을 따지더니
스파게티에 라면에 파김치?
한나, 내 딸 맞다! 영락없네

자식에게 남겨줄 '무언가' 중에 가장 높이 쳐주어야 할 것은 '사는 법'이라고 생각했다. 공부도, 명예도, 재산도… 뜻대로는 되지 않는 일인 데다, 하루아침에 풍비박산 내거나 도루묵이 되기도 십상인 것들이 아닌가. 하지만 제대로 사는 법을 물려주면 뚝심이 길러질 것이라고 믿었나 보다. 어떤 일이 있어도 흔들리지 않을 힘, 용기, 자신감, 판단력 같은 게 있으면 이깟 일상쯤이 무어 두려울까.

사는 법은 가르치는 게 아니라 보여주는 것일 게다. 돌이켜보면 나는… 잘한 거 하나 없다 쳐도 '보여주기'에는 소질이 있었던 것 같다. 거짓말도 없고, 보태거나 빼지도 않고 다 보여주었다. 엄마가 어떤 사람인지, 무얼 좋아하는지, 어디로 가고 싶은지까지도. 그래서인가. 한나도 관우도 점점 엄마를 인정해 주는 눈치다. 세상 사람들의 평가 같은 건 상관없지만 자식 눈치는 보고 살았던가. 아이들이 나를 믿어준다고 생각하니 의기양양해진다. 나, 괜찮게 살았나 보다.

엄마를 보고 자라 그런지 딸아이는 색다른 비주얼을 만드는 데 관심이 많다. 색깔 있게 잠에서 깨고, 리듬 있게 움직이고, 보기 좋게 입는다. 요즘은 요리도 즐겨 하고, 만든 요리를 누군가에게 먹이는 일도 즐거워한다. 많이 닮았다. 신경옥이라는 여자와.

하지만 다른 점도 있지, 싶다. 격식과 차림을 중시하는 건 나와 다르다. 나는 상차림도 내키는 대로 하는데 딸은 계획적으로 한다. 다가올 삶의 순간들을 머릿속에서 미리 계산하고 준비하는 것만 같아서 언제나 조금쯤은 안쓰러웠다.

삼십대로 막 들어서면서 그 아이, 살짝 느슨해지는 눈치다. 촬영 팀 언니들에게 스파게티를 만들어주겠다고 준비가 한창이더니 차려진 상을 보니 라면 사발에 김치까지 덤으로 얹혀 있다. 한 걸음씩 편해지는 모습을 보니 마음이 놓인다. 하기는… 어디 가겠나. 내 딸인데. 피는 못 속인다, 그러던데.

핫해서 좋은 게 있습니다만…

쿨해서 좋은 인생도 있는 법입니다

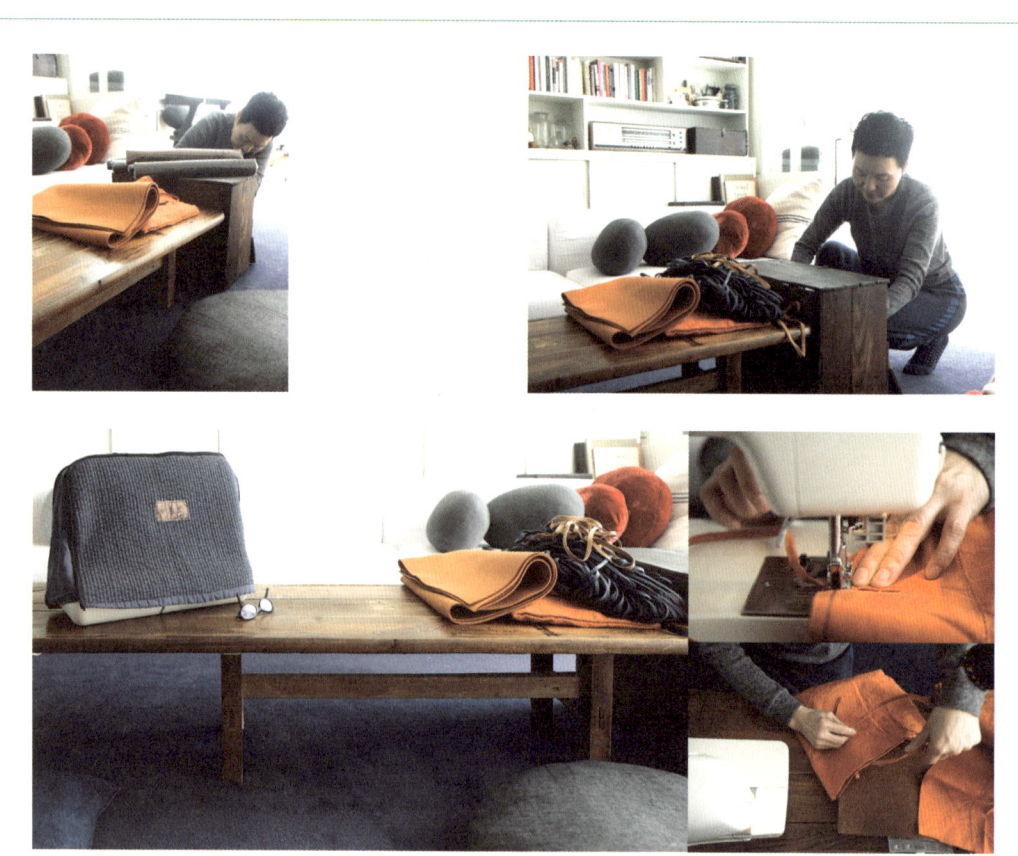

집 소개할 때 빠뜨린 비밀 하나! 우리 집 거실은 나의 재봉 공작실이다. 소파 앞 테이블은 재봉 작업대이고, 테이블 옆 반닫이는 원단과 부속품 창고다. 어찌하다 보니 그렇게 되었다.

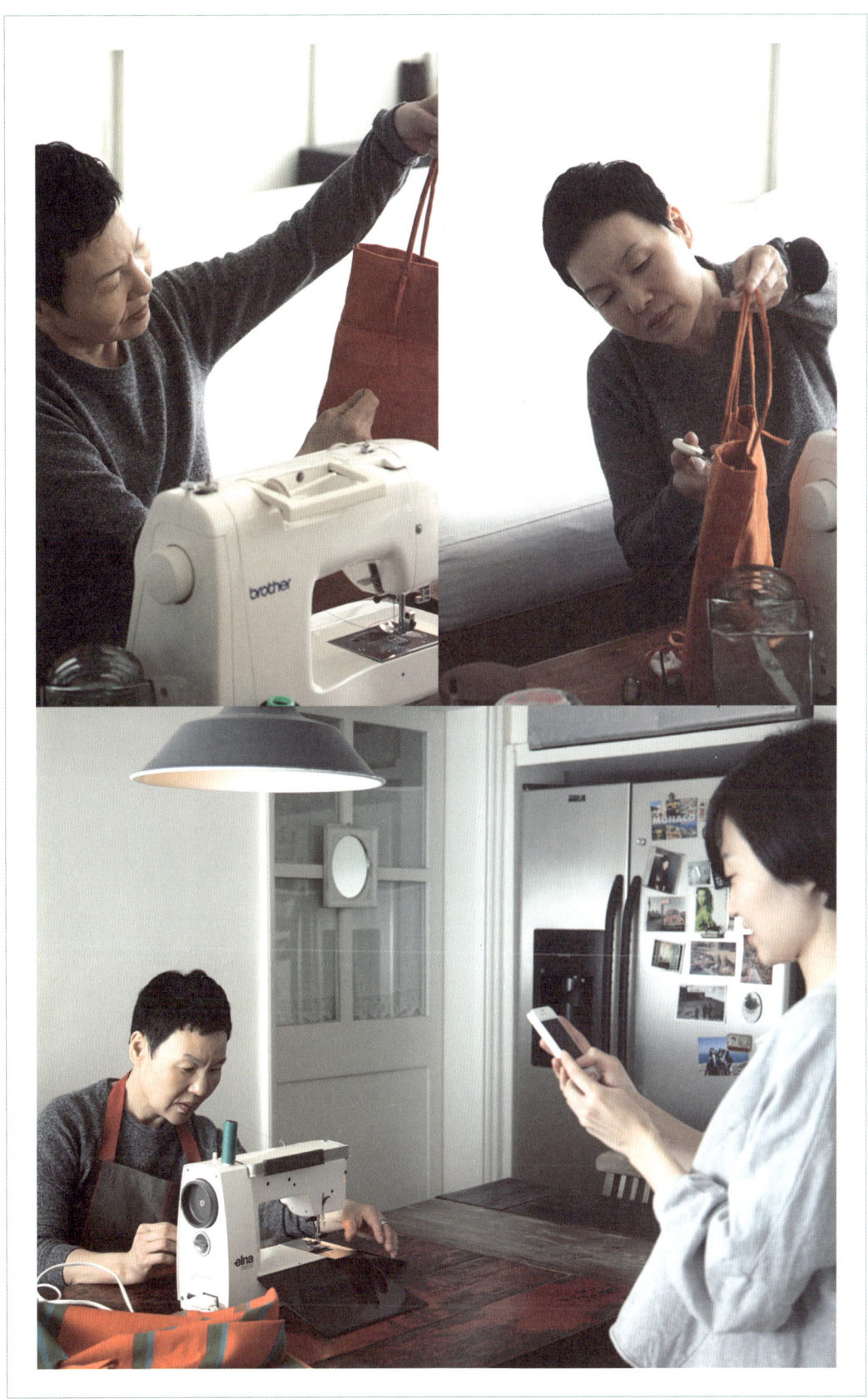

도면 없이 집 고치고,
본 없이 가방을 만든다
그래도 지금껏
큰 실패 모르고 살았다

〈에프북〉 에디터들이 지속적으로 나를 협박했다. 얘기인즉 슨, 독자들은 무언가 아주 분명한 걸 원한다는 거였다. 그러니 옷본이며 가방 본 같은 걸 속속들이 책에 넣고 싶다는 거다. 무서운 일이다. 그게 뭔가. 나는 지금껏 한 번도 정형적인 본이라는 걸 써본 적도 없이 눈대중으로 만들곤 했는데… 갑자기 본을 어떻게 만드나.

못 한다고 했다. 아니, 하는 게 오히려 독자들에게 욕먹을 짓이라고 했다. 내가 만든 이상한 본 때문에 애써 구입한 원단 값 날리게 만들 수는 없어서였다.

집을 고칠 때도 나는 세부 도면 같은 것을 준비하지 않을 때가 많다. 나와 함께 일하는 공사 팀 사람들은 그런 게 없어도 착착 알고, 착착 완성해 낸다. 물론 처음에는 나도 도면에 의지할 때가 있었지만, 함께 일하는 세월이 길어지다 보니 종이보다 마음이 먼저 맞춰진다. 저절로 그렇게 되었다. 이런 내가 요리하면서 계량을 할 리가 없다. 이만하면 되겠지, 싶은 만큼 넣어 간을 했다가 짜다 싶으면 물을 조금 더 넣는다. 물이 부족해서 꼬들꼬들한 밥이 되면 예정에 없던 김밥을 말거나 볶음밥을 한다. 때로 진밥이 될 때도 있는데 그럴 때는 식구들을 설득한다. 너무 고슬고슬한 밥만 먹고 그러면 속이 불편해서 안 좋다고 하는 거다. 진밥이 꿀떡꿀떡 잘 넘어가고 소화도 잘 된다는 식의 근거 없는 이야기를 진심 어린 목소리로 건네는 거다. 그러면 그냥 속아준다. 속는 척해 준다.

이쯤 되면 책 속에 본을 실을 수 없었던 나의 진심을 이해해 주지 않을까? 본이 없으니 책을 물러달라고 할 독자가 있지는 않겠지? 이 글을 쓰면서도 은근히 전전긍긍하고 있는 나를 느낀다.

자, 이렇게 해보자. 가방 만들기를 예로 들어보자. 아이를 위한 보조가방이라고 치자. 그럼 그 안에 담아야 할 가장 큰 치수의 물건을 가져다가 원단 위에 얹어 놓고 재단을 하는 거다. 초크? 없어도 된다. 연필이나 색연필이나 볼펜이나 뭐 그런 걸로 가방 모양을 그리고는 가위로 오리면 된다.

나는 그림도 안 그리고 그냥 오린다. 비뚤어지면 그냥 살짝 비뚤어진 모양으로 만든다. 그러면 오히려 사람들이 개성 있다고 한다.

재단하고 나면 앞판과 뒷판을 겉끼리 마주보게 놓고는 입구를 제외한 3면을 일단 박는다. 그리고 뒤집는다. 이제 손잡이만 달면 되는데 손잡이를 입구 쪽 시접 부분에 넣고 어찌고 그러면 또 복잡해질 것 같아서 그냥 밖으로 쭉 빠지게 달기도 한다.

쉽지 않나? 만약 너무 심심해 보이면 그때 가서 또 장식할 무언가에 대해 궁리해 보면 된다. 이 가방도 그렇게 만들었다. 이런 자세로 만들면 앉은자리에서 스무 개도 만든다. 이런 식이다. 나의 핸드메이드란! 그래서 사람들은 그것을 일명 '신경옥 식 막바느질'이라고 부른다.

그럼 같이 해볼까? 몇 가지, 아주 쉬우면서 어이없는 아이템들을 골라서 하나씩 만들어 보기로 한다. 가방을 만들자고 시작했다가 모자가 될 수도 있다는 점만 충분히 양해해 준다면 나의 재봉 공작실로 초대할 수 있겠다. 알아서 결정하시길.

빳빳한 펠트지로 설렁설렁 만든 핸드폰 케이스

 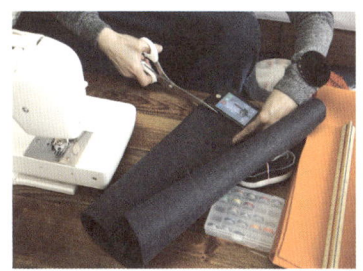 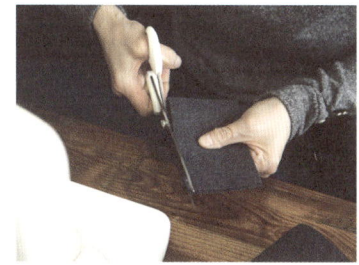

1 펠트지 위에 핸드폰을 올려본다. 크기를 가늠해 보는 수순이다.

2 핸드폰을 올린 채로 쓱쓱 자른다. 시접분을 생각하면서 넉넉하게!

3 앞판과 뒤판 2장을 똑같은 사이즈로 준비한다. 앞판 입구 쪽은 핸드폰을 넣고 빼기 편하게 살짝 홈을 내어 잘라준다.

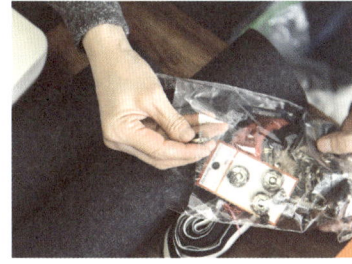  

4 후크도 꺼내보고, 단추도 살피고 하면서 뭘 달아 장식할까 하고 궁리 중이다.

5 일명 똑딱단추를 여밈용이 아니라 장식처럼 붙여도 재미있겠다고 잠시 생각했다.

6 좁은 폭으로 잘라서 끈처럼 만든 펠트지를 꼬불꼬불하게 접은 뒤 가운데 부분을 실로 쭉 엮어서 잡아당겨 고정한다.

7 살짝 홈을 낸 앞판에 곱창 리본을 손바느질해 부착한다.

8 앞판과 뒤판을 안끼리 마주보게 놓고 양 옆면을 박아서 완성한다. 보통은 겉끼리 놓고 박아서 뒤집지만 올이 풀리지 않는 펠트지의 고마움을 충분히 살리기 위해 겉에서 쭉 박아 바느질 선이 다 보이게 만들었다.

이웃집 마실 가듯이 원단 시장에 다니는 편이다. 눈에 차는 원단들이 있으면 일단 끊어 와서는 그때그때 필요한 걸 만든다. 가을이 지나면서는 펠트지에 꽂혀서 그 도톰하고 뻣뻣한 놈을 색깔별로 몇 가지 넉넉하게 쟁여두었다. 굳이 시접을 접어 바느질하지 않아도 올이 풀리지 않아서 나처럼 대충 만들기 좋아하는 사람들에게는 딱 좋은 원단이다. 일 없이 놀던 어느 날, 소파 테이블 옆 반닫이에 넣어 두었던 펠트지와 고무줄, 리본테이프 같은 것들을 죄 꺼내 보았다. 뭘 만들어볼까? 하다가 옷도 안 입고 다니는 나의 핸드폰에 코트 만들어 입히기로 했다. 그럼 어디 한번 시작해 볼까?

뒤판의 폭을 앞판의 1.5배 사이즈가 되게 잘라서 뚜껑을 만든 펠트지 필통 혹은 파우치. 똑딱단추를 달아서 뚜껑이 덜렁거리지 않게 만들기는 했지만 왠지 심심하다. 청바지 원단으로 긴 끈을 만들어서 앞판에 붙인 뒤 둘둘 감아주었더니 이제야 마음에 든다. 과하지 않은 장식은 언제나 기대 이상의 열연을 펼치는 법이다.

너, 필통이냐?

용도가 불분명한 지갑?

앞장에서 소개한 핸드폰 케이스와 크게 다르지 않은 방법으로 지갑 하나 더 만들었다. 처음에는 명함 지갑을 만들 작정이었는데 길이가 왜 이렇지? 명함을 어떻게 꺼내지? 불편한가? 그래서 용도는 정하지 않기로 했다. 대신 화장을 좀 시켜주기로 한다. 앞판과 뒤판 모두 한 줄씩 길게 바느질 선을 '괜히' 넣어주었더니 보기에 나쁘지 않다. 앞판에 동그란 단추 하나 달고, 그 단추 채우라고 뒤판에 가죽 끈을 달아서 마무리! 크기는 어정쩡해도 모양은 곱네.

이번에는 진짜 명함지갑?

실패하지 않기 위해 명함을 꺼내서 원단 위에 놓고 자르려다가 또 장난기가 발동한다. 명함을 찾기 쉽게 하려면 지갑이 좀 작은 게 낫지 않을까? 그래서 명함보다 조금 짧은 사이즈의 지갑으로 만들었다. 앞판과 뒤판 2장을 재단해서 겉으로 박아주기만 하면 끝난다. 앞판에 철제 장식 핀 두어 개 붙여서 완성! 옆에 있는 길쭉이 가방은? 원단 잘라서 접은 뒤 단추만 붙여 보았다. 안쪽에 고무줄 몇 개 박아서 펜슬 케이스로 쓰면 되겠다.

Orange, Orange, 100% Orange!

오렌지의 톡 쏘는 느낌을 그대로 빼닮은 펠트지가 있기에 얼마쯤 끊어왔다. 내 책을 만들겠다고 발바닥에 불이 나게 뛰고 있는 〈에프북〉 식구들에게 깜짝 선물을 해야겠다고 생각한다. 시험 삼아 하나 만들어본 것이 바로 이것, 참 평범하기 짝이 없는 필통이었다. 글 쓰는 사람들한테는 필통이 필요하니까. 하도 볼품없어 보이기에 곱창 리본과 철제 장식 핀 몇 개 부착했더니 한결 나아졌다. 그런데 이 선물이 뭐… 그렇게 기쁘겠나?

요즘 에코백이 대세란다. 짱짱한 아가씨들도 가죽 백 대신 에코백을 많이 들고 다닌다. 나는 원래 10만 년 전부터 이런 천 가방을 좋아하는 사람인데… 이제야 세상이 알아주는 모양이다. 후들후들하게 얇은 오렌지 컬러 원단으로 가방 몇 개 만들었다. 그중 한 놈은 짙은 회색 원단을 가볍게 매치해서 더 다채롭게! 이 가방들의 특징은 손잡이를 바깥으로 그대로 내다 붙인 노출 공법의 디자인이라는 점. 이렇게 하면 만들기도 참 쉽다.

내 마음의 책들마다에 옷을 지어 입힌다는 것

내 인생의 소소한 기록, 일기장
내 인생의 뜨거운 스승, 성경책
새 옷 만들어 입히며 겸허해진다

얄팍한 공책에 내 생각들을 옮겨 적어 놓곤 한다. 일기도 쓰고, 좋은 글도 베끼고 차곡차곡 쌓인 그 공책들마다에 화려한 꽃무늬 원단을 씌웠다.

좋은 게 좋은 거라고 여기면서 설렁설렁 살지만, 언제 어디서나 마음의 중심을 잃지 말자는 다짐만큼은 잊지 않는다. 마음 기우뚱해지거나, 자꾸 약해질 때면 꺼내 들고 찬찬히 읽어 내려가는 책들이 있다. 오늘 하루 이렇게 살아서 미안했다고 나를 위로하는 일기장, 내일은 이렇게 살아보자 하면서 헝클어진 마음을 다시 일으켜 세우게 하는 성경책. 때로는 그 어떤 위로보다 한 줄의 수수한 글밥이 영혼을 한껏 배부르게 채워줄 때가 있다. 그런 글들은 정말이지 한 줄만 먹어도 용기가 난다. 내겐 지나온 일상들을 기록한 일기장이 그렇고, 성경책이 그렇다. 닮고 싶은 사람을 보면서 나를 변화시켜 보는 즐거움도 좋지만, 마음을 움직이는 글을 통해서 새사람으로 자꾸자꾸 거듭나는 기쁨도 참 좋다. 그러니 내게는 일기장과 성경책이 인생의 멘토다.

나만의 성경이라고 찜해 두고 싶어서 원단도 입혀 주고, 십자가도 다소곳하게 붙여서 장식했다. 닳아 없어질 때까지 사랑하자, 다짐한다.

내 인생의 작은 쉼표, 두 편의 여행

SOUTH AFRICA 2011. 1월
SHIN KYOUNG OK

2 0 1 4 . S E O U L

글을 쓰고 나면 다시 읽어보는 일이 두렵다. 무슨 말을 하고 싶었던 건가 싶게 두서없는 글이 나오면 쥐구멍을 찾게 되고, 살짝 되바라진 느낌이 나거나 지나치게 솔직한 글을 접하면 얼굴이 홍당무가 되니 말이다.

책 속에 담을 초고가 이제 거의 막바지다, 싶은 감이 온다. 부족한 글은 〈에프북〉에서 잘 다듬어줄 테지만 그래도 수정하고, 수정하는 일이 남았는데… 다시 읽어내기가 영 겁이 난다.

책장을 덮어갈 즈음에 한마디만 하고 가야지, 했던 게 있다. 여행 이야기다. 길 떠나는 일이 취미를 떠나 직업이 되는 세상이라지만, 나이로 치면 영락없이 구식인 내게는 그 여행이란 게 조금 얄미운 고백 같다. 다들 숨 쉴 틈 없이 바지런히 살고 있는데 혼자 베짱이 노릇하고 돌아와서는 추억담을 늘어놓는다? 뭐 그런 느낌? 누구 약 올리나, 할까 싶어 조심스러운 거다.

그럼에도 불구하고 내 생애 잊지 못할 두 편의 여행 이야기는 아주 조금만 언급해 보고 싶다. 대신 아주 짧게, 별말 하지 않고 사진 몇몇 장 주르르 남기고 갈 생각이다. 미안하게도. 정말 면목이 없기는 하지만 말이다.

나에게는 사는 내내, 마음 금고에 잘 넣어두고는 아껴가며 기억하고 싶은 두 개의 풍경이 있다. 포도를 떼어 먹듯 한 알 또 한 알, 오물오물 씹어보면 지금도 단물이 나온다. 맛있는 기억이다. 언제 다시 또 그런 기쁨을 만날 수 있을까. 쉽지 않을 테지. 2010년 늦은 봄의 파리 그리고 2011년 1월 어느 날의 남아공이 그렇다.

_MG_3641.jpg _MG_3642.jpg _MG_3647.jpg
_MG_3648.jpg _MG_3655.jpg _MG_3671.jpg
_MG_3676.jpg _MG_3680.jpg _MG_3682.jpg
_MG_3692.jpg _MG_3694.jpg _MG_3702.jpg
_MG_4630.jpg _MG_4637.jpg _MG_4639.jpg
_MG_4643.jpg _MG_4646.jpg _MG_4647.jpg
_MG_4653.jpg _MG_4662.jpg _MG_4667.jpg
_MG_4670.jpg _MG_4671.jpg _MG_4674.jpg

_MG_3706.jpg _MG_3713.jpg _MG_3724.jpg
_MG_3727.jpg _MG_3728.jpg _MG_3730.jpg
_MG_3735.jpg _MG_3741.jpg _MG_3753.jpg
_MG_3755.jpg _MG_3756.jpg _MG_3760.jpg
_MG_4679.jpg _MG_4688.jpg _MG_4695.jpg
_MG_4698.jpg _MG_4707.jpg _MG_4710.jpg
_MG_4722.jpg _MG_4723.jpg _MG_4726.jpg
_MG_4729.jpg _MG_4730.jpg _MG_4735.jpg

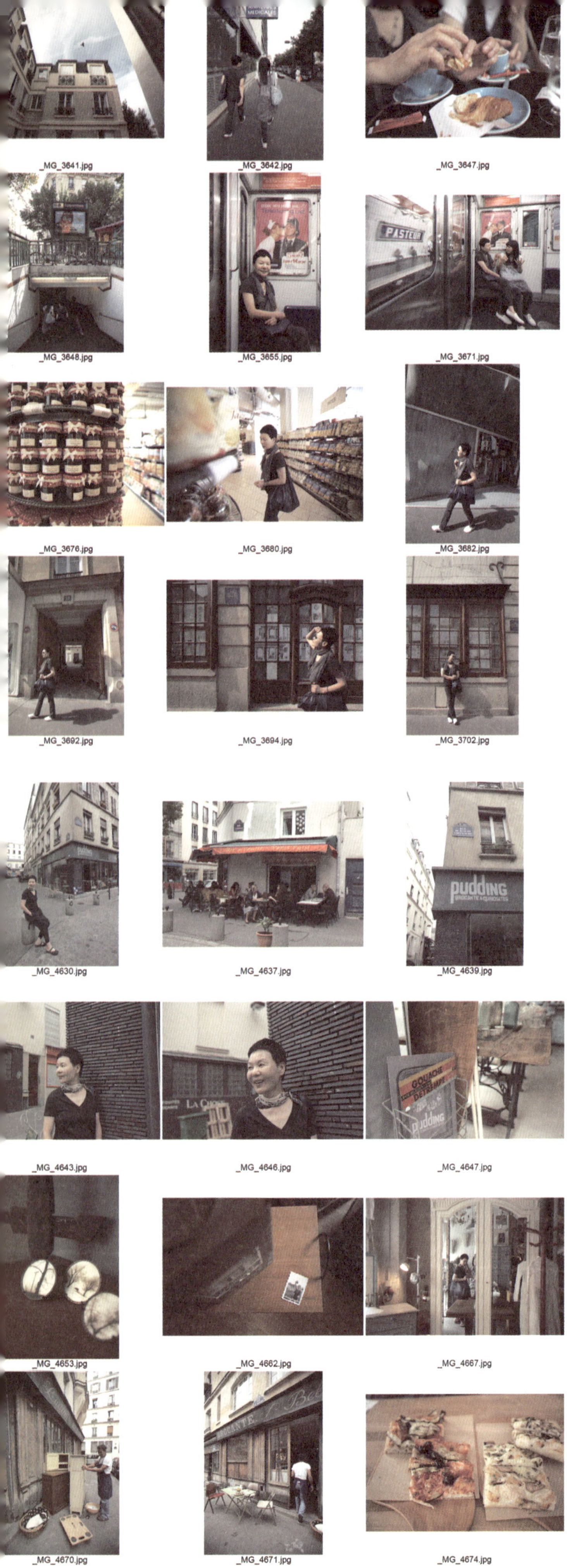

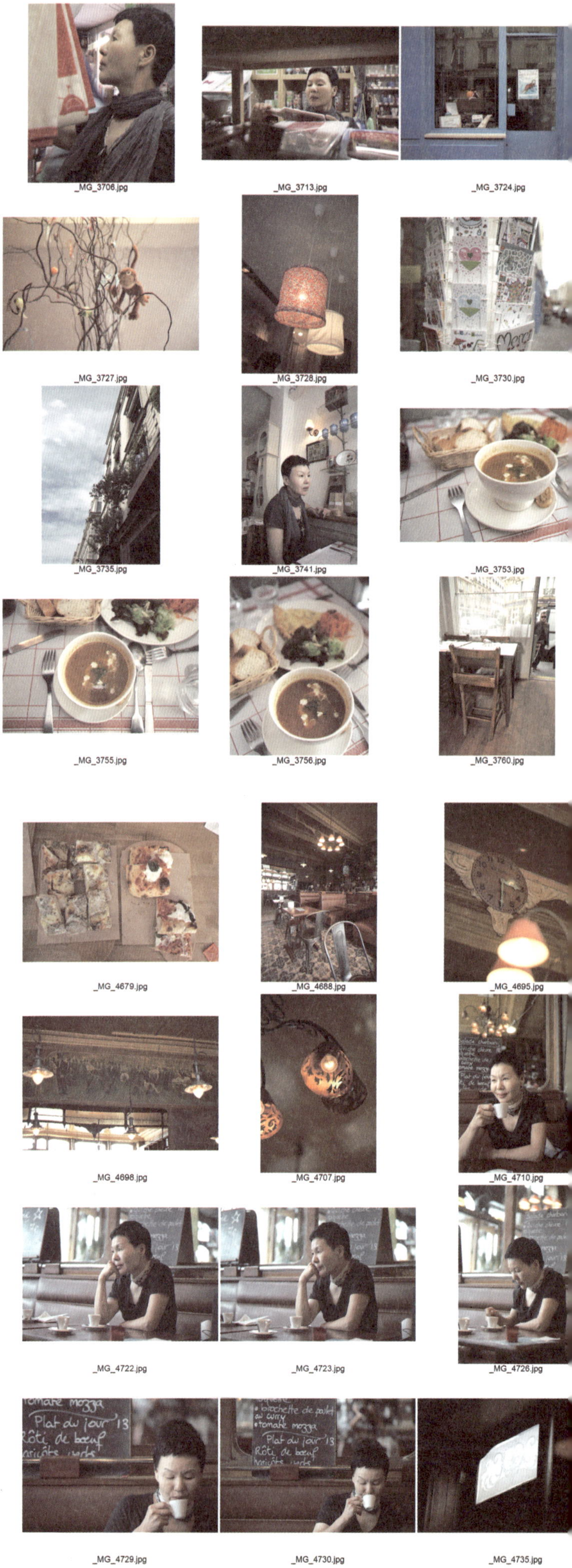

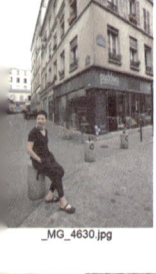

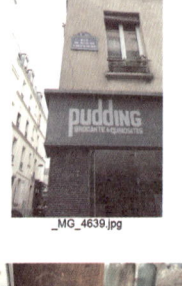

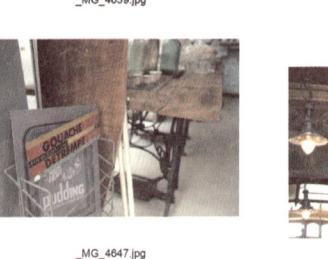

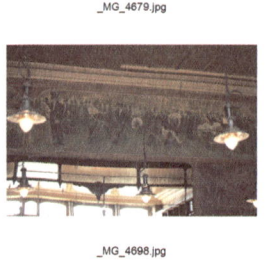

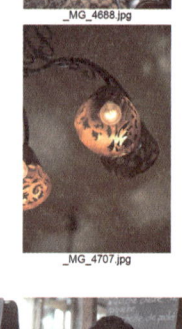

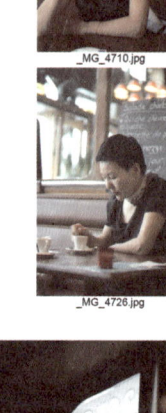

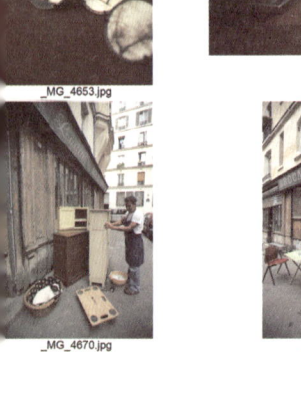

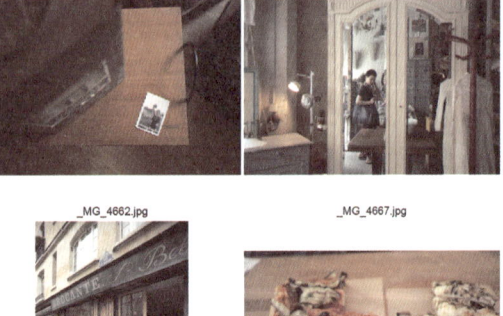

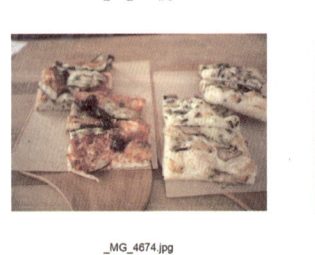

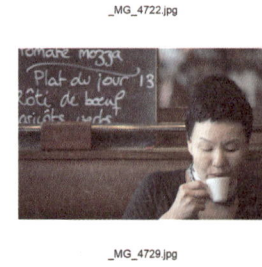

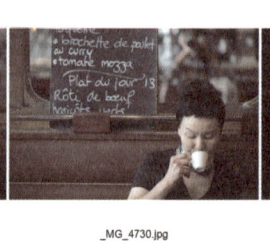

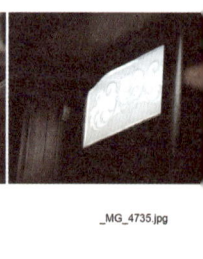

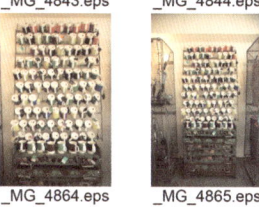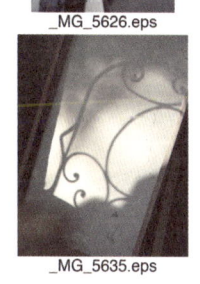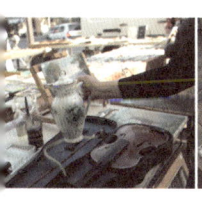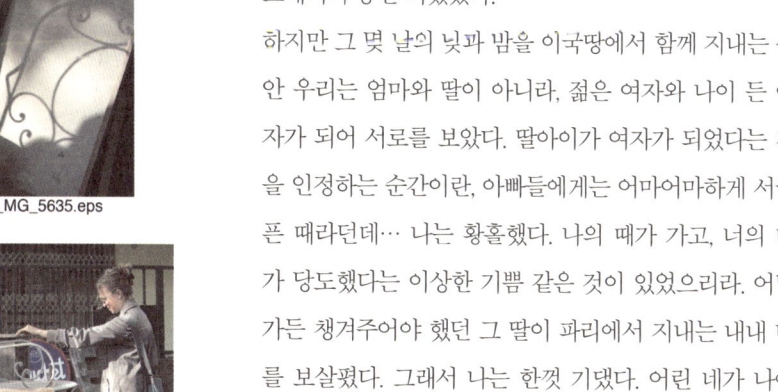

2 0 1 0 . P A R I S

『작은 집이 좋아』의 출간을 앞두고 있던 해였고, 내 딸 한나는 집 떠나 파리에서 유학 중이었다. 딸아이가 보고 싶기도 했고, 딸의 침대에 몸을 비벼 얹거나 딸의 식탁에 숟가락 하나 더 얹으면 큰돈이 아니어도 될 것 같았다. 나는 갖은 핑계를 다 끌어 모아 파리행 비행기에 오르기로 했다. 그중 대표적인 핑계가『작은 집이 좋아』에 파리의 작은 집을 넣어보겠다는 것. 결국 내가 매우 아끼는 포토그래퍼 이정민 양과 팔짱을 끼고 떠난 길이었다.

딸과 나. 파리에서 숱하게 싸웠고, 파리에서 한없이 깊어졌다. 앤티크 숍이며, 벼룩시장이며, 고서점에 노천카페까지… 머리만 들이밀면 넋을 놓게 하는 그 낯선 나라에서 딸아이는 수시로 나를 질책했었지. "엄마, 그 가게에서 눌러 살 거야?" "아, 엄마! 거긴 또 왜 들어가?" 그런다고 의지를 꺾을 내가 아니었으니 두 여자의 싸움에 포토그래퍼의 등만 터졌었다.

하지만 그 몇 날의 낮과 밤을 이국땅에서 함께 지내는 동안 우리는 엄마와 딸이 아니라, 젊은 여자와 나이 든 여자가 되어 서로를 보았다. 딸아이가 여자가 되었다는 것을 인정하는 순간이란, 아빠들에게는 어마어마하게 서글픈 때라던데… 나는 황홀했다. 나의 때가 가고, 너의 때가 당도했다는 이상한 기쁨 같은 것이 있었으리라. 어딜 가든 챙겨주어야 했던 그 딸이 파리에서 지내는 내내 나를 보살폈다. 그래서 나는 한껏 기댔다. 어린 네가 나에게 그랬듯 이제는 내가 너에게.

2011. AFRICA

30년 동안 우직하게 일만 하면서 살았던 남편이 정년퇴직을 했다. 성실한 다람쥐로 사는 동안 불평 한마디 뱉은 적 없이, 언제나 단정하고 믿음직했던 그는 틀을 벗어나자 당황한 기색이 역력했다. 힘들겠지. 한꺼번에 몰아닥친 자유란 오히려 무서운 법이니까.

그래서 아이들과 나는 아빠의 퇴직을 기념하는 모종의 음모를 꾀하게 되었다. 우리 가족은 남아공으로 한 달간의 긴 여행을 떠났다. 처음으로 남편까지 대동한 가족여행인데 아프리카였다. 결론적으로 말하면 아프리카라는 여행지를 선택한 것은 잘한 일이었다. 더운 나라에 머물면서 우리는 기대 이상으로 뜨거워졌으니까.

부끄러운 고백 하나 하자면… 여행 이후, 나는 남편에게 까불지 말아야겠다고 다짐했다. 수십 년을 함께 살면서도 그가 지닌 내공의 깊이를 몰라봤던 게 미안하기도 했다. 내가 잘난 게 아니었다. 그가 나를 봐주면서 살았던 거였다. 그걸 참 일찍도 깨닫는다, 싶어서 웃음이 났었지.

함께 예배를 보고, 산책을 하고, 땀을 닦아주고, 수다를 나누던 그곳에서의 일상은 아프리카가 아니어도 얼마든지 할 수 있는 일들이었다. 그런데 우리 가족은 비싼 돈 들여 남의 땅을 밟고서야 그토록 '쉬운' 일들을 실천할 수 있었다. 무언가 아주 중요한 일은 언제나 조금 늦게 깨닫는 것 같다.

직업이 직업이니만큼, 남아공 어느 마을의 허름한 유치원 하나를 단장해 주기도 했었다. 낡은 외벽에 새로 칠을 하고, 그림을 그려 넣는 가족 공동의 작업을 하면서 우리는 어쩌면 가족의 모습을 새로 그려내고 있었는지도 모르겠다.

／

살다가 한번쯤은 나처럼, 내 가족을 다시 발견할 기회와 만나기를 바란다. 그러기에는 여행보다 더 좋은 핑계가 없다. 역시 공짜로 얻어지는 것은 없지, 싶다. 하지만 큰돈 치렀던 두 편의 여행은 평생의 추억을 남겨주었으니 됐다.

3개의 지갑을 만들었다
5만원씩 챙겨 넣었다
우리 옷 사러 가자, 했다

시장에 가면 내 집인 듯 마음이 편안해진다. 도매시장이라 이름 붙은 어지간한 곳들은 훤히 다 꿰뚫고 있는 편인데 그 중에서도 나는 '동대문파'다. 쓰고 보니 무슨 조직 이름 같은데? 어쨌든 동대문 주변에 위치하고 있는 시장들과 아주 인연이 깊다. 그렇다 보니 내가 동대문에 딱 뜨면 김씨, 박씨, 오 사장, 전 사장 할 것 없이 친구라도 만난 듯 반겨주곤 하는 것이다.

집에서 촬영을 하기로 했던 날. 나는 대뜸 전화를 걸어서 촬영 장소를 바꾸자고 했다. 시장으로 오라고 했다. 내가 워낙 이랬다저랬다, 기분 내키는 대로 하는 사람이라 그런지 별로 당황한 기색도 없이 그러마고 한다. 나는 촬영 팀에게 줄 깜짝 선물을 얌전히 챙겨들고 나의 주 무대인 동대문으로 향했다.

"오늘의 촬영 제목은 5만원의 행복으로 해."

에디터와 포토그래퍼에게 지갑 하나씩 내밀면서 말했다. 실은, 간밤에 그들을 위한 깜짝 선물을 준비한 터였다. 뭐 재미있는 일 없을까, 하면서 궁리하다가 갑자기 아이디어가 반짝! 하기에 벌떡 일어나 재봉틀을 꺼냈었다. 펠트지를 꺼내어 뚝딱뚝딱 지갑 하나씩 만들었다. 그리고 그 안에 빳빳한 지폐로 5만원씩을 챙겨 넣었다. '내일은 우리 세 여자가 5만원어치씩 행복해지는 날로 하자!' 생각하면서.

"쌤! 대박 감동이에요. 지갑도 좋고, 돈은 더 좋아요!!!!!"
"이러니 저희가 선생님을 사랑하지 않을 수 있겠어요??????"

두 여자의 폭풍 감동이 쏟아졌다. 5만원을 주었더니 5천만원어치의 칭찬이 쏟아진다. 확실히 남는 장사다. 그리하여 우리는 저마다의 손에 5만원씩을 쥐고, 정확히 말하면 5만원씩 담긴 수제 지갑을 쥐고 동대문을 휘젓기 시작했다. 이벤트 좋아하는 두 여자의 어깨가 덩실덩실하는 걸 보니 나도 발걸음이 구름 위를 걷듯 덩실거린다.

5만원으로 거머쥔 보따리들이 주렁주렁. 애들 옷에 남편 옷, 자기 옷에 엄마 모자, 거기에 가족들 양말까지 챙기고도 돈이 남아서 회사 식구들 선물도 두루두루 챙긴 에디터 김연 선생. 이빨을 3백 개나 보이면서 너털웃음을 웃어댔다. 쟤는 하여튼 좋으면 저렇게 티를 낸다니까! 반면 속 깊고 참한 포토그래퍼 이정민 양은 귀여운 두 눈을 반달 모양으로 만들어가면서 행복해요, 하고 연발!

기쁘다. 이들이 기뻐하니까 나는 더 기쁘다. 이렇게 작지만 큰 기쁨을 미리 예측하고 준비했던 내가 한없이 대견하다. 나의 잔머리는 세월이 흘러도 여전히 잘 돌아가는구나.

5만원어치의 행복을 샀다

행복 참 후하구나!

"한나야, 예물 보러 갈까?"
"무슨 예물? 누구 결혼해?"

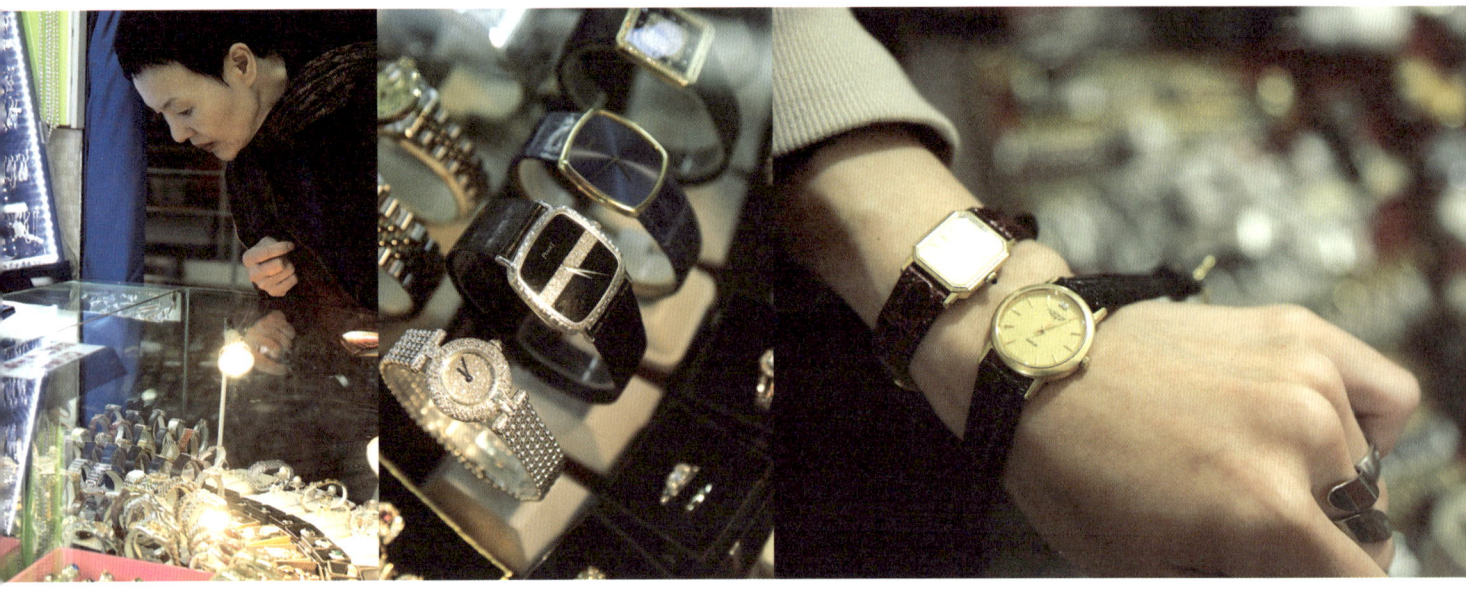

"이다음에 너 결혼할 때 쓸 거!"
"… 울 엄마, 뭐라니…"

딸과 내가 '우리 쇼핑할까?' 하면 그날은 시장 가는 날이다. 딸이 저 혼자 하는 쇼핑이야 어디서 하든 지 마음이겠지만, 둘이 짝을 이뤄서 뭘 좀 사자고 할 때는 대부분이 시장이니까. 게다가 워낙 오랜 단골인 터라, 시장에 가면 우리는 V-VIP 대접까지 받을 수 있으니 금상첨화다.

내가 좋아하는 시장 중에서 으뜸은 황학동 풍물시장과 답십리 고미술상가. 여기 두 곳만 샅샅이 뒤지면 세간에서 옷가지며 금은보석까지 알뜰하게 건질 수 있다. 그것도 상상을 초월한 가격으로! 사실 우리 집에 유난히 복고 감각의 살림들이 많은 것도 시장 덕이다.

하지만 시장에서 보물을 건져내는 일에는 끊임없는 시행착오가 요구된다. 더구나 매끈하게 진열된 고급 매장의 제품들만 찾아다니던 사람들은 이곳에 오면 실망하기 딱 좋다. 첩첩이 쌓여 있는 물건들 사이에서 내 마음에 차는 것들을 골라내기가 쉬운 일이 아니기 때문이다.

그러므로 시장을 누리고 싶다면 일단 즐기기부터 시작해야 한다. 하루아침에 뭘 건지겠다고 생각하기보다 시장을 구경하고 느끼면서 눈에 담고, 마음에 담을 것. 그러다 상점마다의 주인장들과 눈인사를 트고 나면 머지않아 나처럼 '시장의 여왕'으로 등극할 수 있게 될 거다.

시장이 아니면 그 어디서 이런 세간들을 만나랴

황학동이나 답십리 같은 시장이 좋은 건 손때가 묻고, 세월이 스며 있는 진짜 앤티크를 만날 수 있기 때문이다. 가구와 그릇, 생활용품 같은 것이 창고처럼 뒤엉킨 채 쌓여 있지만 하나하나가 전부 다 귀하고 값지다. 그래서 언제나 넋을 놓고 구경하게 된다. 매의 눈으로 건진 먼지 묻은 살림들… 내 집으로 데려가서 내 식구 만드는 재미가 꿀맛이다. 그런데 여기서 샀던 사진 속의 그릇들은 홀랑 다 〈에프북〉 식구들에게 빼앗겼다. 아니, 다 줬다. 2천원, 3천원, 하는 그릇들이니 못 줄 이유도 없다.

그 릇 좋 다 !
하지만 찬스를 잡지 못하
면 살 수 없다. 이런 그릇이
늘 있는 건 아니니까. 부지
런히 발품을 팔아야 품에 안
을 수 있다는 게 좀 안타깝다.

가 구 샀 다 !
이것이 바로바로 딸아이의 방으로 날름 데려간 우리의 전통 그릇장. 나 어릴 때 엄마가 아껴가며 쓰셨던 그릇장 생각이 나서 앞뒤 안 보고 업어왔다.

 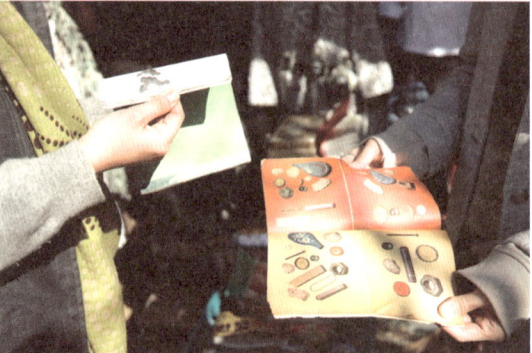 

황학동 서울풍물시장

주소 서울시 동대문구 천호대로4길 21(신설동 109-5)

전화번호 02-2232-3367~8

특징 물건보다는 추억을 살 수 있는 곳. 일명 전통문화체험시장이다. 괘종시계에서부터 도장까지, 사람 사는 데 필요한 앤티크 살림들은 거의 다 만날 수 있다.

답십리 고미술상가 내 만복당

주소 서울시 동대문구 답십리5동 530-6 삼희상가 2동 1층 153호

전화번호 02-2212-1479

특징 이조 가구, 민속품 등 기품 있는 살림들을 만날 수 있는 곳. 바느질 솜씨가 남다른 차순례 여사의 자수 소품들도 구경할 수 있고, 망가진 목기들의 수리도 가능한 만능 상회다.

시간 여행을 하고 싶은 날엔 북촌으로 간다

일도 없고 약속도 없이 적적하고 한가한 날이면 나는 때때로 북촌에 간다. 그곳에 가면 그리운 시간들과 다시 만나게 되는 느낌이다. 잃어버린 것들을 다시 찾게 되는 느낌이다. 그래서 열 살, 스무 살쯤은 족히 어려진 기분으로 시간 여행을 즐길 수 있게 되는 것이다.

북촌 '근대화상회' 그리고 전통 흑백 사진을 찍을 수 있는 '물나무 사진관'과 '다방'은 나의 아지트. 그러니까 이렇게 하는 거다. 물나무 사진관에서 흑백 사진 한 방 찍어보거나 다양한 전시를 구경하고 나서, 맞은편에 있는 근대화상회로 건너간다. 가면 우리나라의 장인들과 작가들이 만든 그릇이며 생활용품들을 구경할 수 있다. 물론 살 수도 있다. 거기에서 쇼핑 관광을 즐기다가는 다시 건너와 물나무 사진관 옆에 있는 다방으로 간다. 고즈넉한 햇빛이 쏟아지는 다방에 앉아 핸드드립 커피를 마시면서 음악에 젖어들면… 정말이지 시간이 물처럼 흐른다.

찾아보면 도심 한가운데도 구석구석 이렇게, 값진 동네가 숨어 있다. 내 마음에 맞는 골목길, 나를 유혹하는 작은 가게들, 지친 다리 쉬어갈 수 있는 찻집과 손바닥 전시장 같은 곳들. 그런 자리들을 찾아 하루쯤, 아니 반나절쯤 여유를 부리다 보면 일상의 묵은 피로들이 말갛게 씻겨나간다. 행복은 이렇게 찾아나서는 거다. 앉아서 기다리거나 누가 가져다주기를 바랐다가는 그놈의 행복, 만날 수 있기나 하겠나.

물나무 사진관 & 다방

주소 서울시 종로구 계동길 84-3(계동 133-6)

전화번호 02-798-2231(사진관), 02-318-0008(다방)

특징 수제 사진과 수제 커피를 만날 수 있는 소담한 문화 공간. 물나무 스튜디오에서는 필름과 수작업으로 인화한 흑백사진을 찍을 수 있고, 다양하게 기획되는 전시도 구경할 수 있다. 함께 위치한 다방은 수제 커피를 비롯해 맛깔난 별미 음식들이 가득해서 가족들과 나들이하듯 찾아보기에 좋다.

근대화상회

주소 서울시 종로구 계동길 87(계동 73-6)

전화번호 02-3676-2231

특징 작가와 장인들이 손으로 빚어 만든 다양한 작품들을 만날 수 있는 곳. 일명 대한민국 전통 공예 편집 숍이라고 할 수 있다. 마음을 사로잡는 그릇들에서부터 다양한 생활용품들을 만날 수 있다.

"세상의 모든 불행은 단 하나의 이유
방 안에서 조용히 휴식할 줄 모르는 데서 온다"
파스칼의 말 한마디 남기고 가겠습니다

LETTER 7
신경옥의 끝인사입니다

막 결혼해서는 일상이 왠지 낯설어서 허둥지둥했었습니다. 아이가 생기고는, 그것도 둘이나 품에 안고는 거두고 먹이며 입히는 나날이 서툴러서 힘에 부쳤지요. 삼십대를 넘기고, 사십대를 지나면서 이제 막 인생이 재미있어질 무렵에는 입시의 바다에서 성장통을 앓고 있는 아이들과의 간극이 자꾸 커져서 불안했습니다. 내가 하고 있는 엄마 노릇이 맞는 건가, 이렇게 풀어놓고 키워도 되는 건가… 수시로 물음을 던졌지요. 여기까지 오는 동안, 그 긴 나날들이 결코 쉽지는 않았습니다.
어쩌면 나만의 일은 아닐 테지요. 여자라는 이름으로, 엄마이며 아내라는 현실에서 세상 모든 여자들이 그렇게 줄타기를 하듯 살고 있다는 것을 압니다.
힘드시지요?
울고 싶을 때가 참 많지요?
산다는 것, 그 한숨 같은 시간들이 막막하기도 하지요?
저도 그랬습니다. 저도 그렇게, 꼬였다 풀렸다 하는 동아줄을 붙잡고 여기까지 왔습니다. 그러니 나는 왜 이렇게 무거운가, 하고 낙담하지는 마시지요.

／

달리고 있는 사람에게 더 빨리 달리라고 해서는 안 되는 법입니다. '조금만 쉬어가는 게 어떨까?' 하고 물 한 잔 건네는 게 도리인 것 같습니다. 눈뜨면 달려 나가는 남편, 전쟁터로 나가는 병사처럼 학교를 향해 가는 아이들, 자꾸 기력이 약해지는 부모님… 그들 모두는 지금 달리고 있는 중입니다. 조금 부족하고, 아직 완성되지 않은 삶이어도 그들은 모두 최선을 다해서 가고 있는 중입니다.
그리고 또 한 사람, 여자로 사는 당신도 마찬가지입니다. 너무 애쓰지 마십시오. 충분히 달려왔고, 지금도 그렇게 열심히 달리고 있다는 것이… 제 눈에는 다 보이는군요.

／

이렇게 권하고 있는 저도 실은 말처럼 하지는 못하고 살았습니다. '응원'이나 '기대' 같은 그럴 듯한 이유를 붙여서 가족들을 밀어붙였던 것도 같습니다. 물론, 제 자신에게도 그러했습니다. 쉴 틈이 없었지요. 새삼, 저만치 지나온 날들을 돌아보니 말입니다. 조금만 덜 열심히 살았더라면 조금 더 행복할 수 있었을지도 모른다는 생각이 드는군요.
조금씩만 쉬어가시면 어떨까, 하고 말 건네고 싶습니다. 남편에게, 아이들에게 그리고 그 누구도 아닌 나를 위해 조용히 휴식하는 시간을 주라고… 언니 같은 소리 좀 하겠습니다. 세상의 모든 불행은 방 안에서 조용히 휴식할 줄 모르는 데서 온다고 하지 않습니까. 그러니 너무 마음 볶지 마시고, 내 집에서 내 가족과 함께 웃고 놀고 사랑할 시간을 가지셨으면 합니다.

／

맨몸으로 광화문 사거리에 서 있는 기분입니다. 두서없이 사는 모습을 꾸역꾸역 펼쳐 담고 나니 정말이지 얼굴이 홧홧합니다. 여자로 살아온 얘기, 부실한 엄마로 살았던 이야기 같은 것들을 재미나게 풀어보고 싶었는데 외려 썰렁하게 만든 건 아닌지 모르겠습니다. 괜히 폐만 끼친 건 아닌가 싶기도 하군요.
끝까지 읽어주셔서 고맙습니다. 다시 만날 기회가 또 있을지 모르겠습니다. 그때까지 아프지 마시고, 밥 많이 드시고, 늘 웃으시죠. 인생은… 이게 전부인 것 같습니다. 별것도 아닙니다.

2013 / 11 / 14 / PM 5:00 / CAFE cabin

TALK & JOY

신경옥, 〈에프북〉 식구들을 도심 캠핑장으로 초대하다

캠핑용품 협찬 : 하이브로우(www.hibrow.co.kr)

촬영은 모두 끝났습니다. 저희 편집 팀은 하루라도 서둘러 책을 내고 싶어 다람쥐처럼 종종거리고 있었습니다. 그런데 열심히 '집필 중'이신 걸로 믿어 의심치 않았던 신경옥 작가께서 갑자기 호출을 하셨습니다. 모월 모일에 뭉치자고 합니다. 두문불출하고 글에 매진해도 될까 말까인데! 하기는 그럴 줄 알았습니다. 그 양반은 뭐든 너무 열심히 하는 것을 못마땅해하는 성격이니까요.

한남동의 캠핑 카페 'cabin' 옥상이 약속 장소였습니다. 모닥불 피우고 고기 구워 먹잡니다. 뭐… 괜찮은 것 같았습니다. 낙엽도 지천이고 하니 운치 있을 거다, 그랬죠. 그런데 이게 또 웬 날벼락이랍니까? 어제까지만 해도 영상의 포근한 날씨를 자랑하더니만 그날 아침의 기온이 영하로 뚝 떨어져 한파주의보 일보 직전이었습니다. 정말이야? 이런 날, 이렇게 칼바람이 몰아치는 날 밤에 옥상에서 고기를 굽는다고? 돌겠네, 진짜!

여기 이 사진들은 초대 준비의 현장입니다. 어? 그런데 익숙한 얼굴이 보입니다. 훈훈한 비주얼이 심상치 않습니다.
"저기요, 이천희 씨? 여기서 뭐 하세요?"
"오늘 파티 준비하는데요."
"왜요? 어떻게 된 건데요?"
"아, 그게… 그게 말이죠…."

그러니까 그게 말입니다. 캠핑 마니아로 알려져 있는 이천희 씨는 자신의 이름을 건 캠핑 브랜드 〈HIBROW〉를 운영하고 있는 중이거든요. 건축가인 동생 이세희 씨와 함께 캠핑 문화를 주도해 갈 아주 특별한 브랜드를 만든 거죠. 평소 친분이 있는 신경옥 씨의 딸 하나 양의 부탁으로 이렇게 손수 무대를 꾸며주게 되었다는 거예요. 여기 펼쳐진 가구는 물론이고, 장비까지 전부 다 이천희 씨가 디자인한 것들이라니 놀라웠습니다. 감각이 장난이 아니시네요! 참 감사했습니다. 꾸벅!

하여튼 그렇게 하나둘 무대가 세워지고, 음식이 차려지는 중입니다. 곧 오늘의 손님들이 등장할 시간입니다.

"아니, 이런 엄동설한에 왜 옥상에서 바느질을 하세요?"
"손님들 모포 만듭니다! 얼어 죽게 생겨서요"

우리 모두, 때아닌 한파에 벌벌 떨며 행복을 지피다

결론부터 말씀드리죠. 저 아래 사진 속에서는 무슨 산타 모니카에서 날아온 배우 같은 표정을 짓고 있는 신경옥 씨! 그날 첫눈 만난 강아지 같았습니다. 아이처럼 내내 깔깔 즐거운 얼굴이었죠. 그럼 손님들은? 모두모두 행복했습니다. 돼지고기에 채소 구워 먹으면서 귓불 떨어져 나가는 것도 모르고 웃었습니다. 입이 얼어붙어서 도저히 더 이상은 말을 할 수 없을 무렵에야 파티는 막을 내렸습니다. 발가락이 다 얼어붙어서 목발 짚어야 할 지경이었다니까요.

굳이 먼 데로 가야 여행이라고 할 수 있는 것은 아닌 듯합니다. 어린아이들 있는 집이라면 더 좋을 것도 같습니다. 옆집, 뒷집 가족들과 회비 걷어서 도심 캠핑을 즐겨 보는 것도 참 재미있겠죠? 꼭 한번 그렇게 해보시죠.

그런데 캠핑에 대해서 완전히 문외한이라구요? 그럼 『땅굴 마님은 캠핑이 좋아』라는 책을 좀 보시는 건 어떨까요? 그 책 속에 짱짱한 정보가 들어 있거든요. 네? 그 책을 누가 만들었냐고요? 저희가 만들었지요. 속 보이게 홍보 좀 했습니다. 음하하하하!

이제 책도, 캠핑도 접어야 할 시간입니다. 애들은 너무 늦지 않게 재우시고, 모처럼 어른들끼리 혈액 순환에 좋다는 와인 한 잔씩 하고 주무시죠. Good Night!

2013 / 11 / 14 / PM 8:30 / CAFE cabin

신경옥 그리고 〈에프북〉 김수경

이 책의 촬영 진행을 맡아
열연한 에디터 김연

신경옥의 베프! 〈세라믹요〉
주인장 박정희

지성과 야성(?)을 겸비한 〈포북〉 계명훈 대표

〈에프북〉의 얼짱(?) 에디터들과 이 책의 명품 조연 김한나

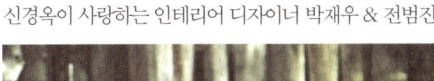
신경옥이 사랑하는 인테리어 디자이너 박재우 & 전범진

인생 짧아, 라고 하지만 행복할 시간은 충분합니다

SEE YOU

매일 아침, 수세미 같은 머리에 슬리퍼 차림으로 잠이 덜 깬 아이를 놀이방 차로 데려가 꾸역꾸역 태우면서 서른 살의 어느 날들을 보냈습니다. 오늘은 또 뭘 해먹지? 라는 물음을 매일매일 던지면서 숙제하듯 살았어요. 세탁기를 돌리면서 청소를 했고, 욕실의 곰팡이를 물리칠 방법을 찾느라 고심했고, 봄가을로 차례 음식 준비하느라 마른 생선처럼 꾸덕꾸덕해졌습니다. 시시하게, 조금은 쓸쓸하게 꽃 같던 삼십대를 잃어버렸습니다.

아이가 자라는 만큼 사는 일도 점점 무거워진다는 걸 깨달으면서 마흔, 그 어떤 날들을 만났습니다. 다시 시작하기에는 너무 늦었다고 생각되는 일들이 많아서 당황했고, 한때는 썩 좋았던 남편과의 거리가 왠지 멀어진 듯해서 쓸쓸했고, 고운 구석이라고는 찾아볼 수 없는 사자 같은 내 모습에 어깨 꺾이면서 사십대, 그 위기의 시절들을 지나왔습니다.

결혼이, 육아가, 끝날 것 같지 않게 반복되는 일상의 숙제들이 내 안의 반짝이던 모습들을 모두 가져가버린 것 같아 서운하고 억울할 때가 있습니다. 삼십대, 사십대, 오십대를 건너고 있는 저희 〈에프북〉 여자들은 그래서 가끔씩 퉁퉁거립니다. 그런데요. 그런 순간에 생수처럼, 탄산수처럼, 한 모금의 생기를 선물하는 이가 바로 신경옥 씨입니다. 그녀는 말합니다.

"인생 짧아. 그래도 행복할 시간은 아직 충분해!"

그러고 보면 그녀는 언제나 온몸으로 행복을 보여주는 사람이었던 것 같습니다. 딱히 재미있는 일도 아닌데 미친 듯이 웃고, 쓸 데도 없는 이벤트를 만들어서 번잡하게 살고, 굴비 엮듯 인연을 엮어서 사람들을 불러 모으죠. 행복해 보였습니다. 저희들은 귀찮아서라도 피해 다닐 일들을 찾아 하는 그녀가 이상하지만, 또 부럽기도 했지요.

행복이란 귀찮은 것들을 선선히 견디고 즐기는 자에게 주어지는 선물 같습니다. 신경옥 씨가 그것을 가르쳐주었습니다. 귀찮아도 화장을 지우고, 뽀득뽀득하게 세수를 해야 다음 날 아침이 개운하죠. 귀찮지만 정성스럽게 차린 밥상이 더 푸짐해 보이고, 정말 귀찮지만 삶아 빨아서 하얘진 속옷을 입으면 대접받는 기분이 드는 것. 행복은 그렇게 귀찮고도 시시하게 찾아오는 모양입니다.

당신이 충분히 행복해지셨으면 좋겠습니다. 행복에도 질량 보존의 법칙이라는 것이 적용되는 법입니다. 여태 삼숙이로 살아온 내가 하루아침에 전지현이 될 수는 없는 노릇이니 나는 그저 나대로의 행복을 마음껏 누리면 그뿐입니다. 안 그런가요?

집을 가꾸고, 음식을 준비하고, 그릇을 사거나 바느질을 하고, 옷을 갈아입고, 아이 뒷바라지에 남편 뒤 살펴주는 노릇이란 언제나 매우 귀찮은 법입니다. 하지만 그렇기 때문에 그 속에서 찾을 수 있는 행복의 가치는 어마어마할 거라고 믿어요. 아직 못 찾았다면 조금 더 잰걸음으로 움직이셔야겠습니다. 잘못하다가는 당신 몫의 행복까지 누가 다 채 가버릴지도 모르니까요. 이쯤에서 협박 한마디 더 할까요?

"병 속에 무얼 담을 것인지는 당신 마음입니다. 절임 음식 같은 나른함을 담든, 바삭바삭 고소한 행복을 담든… 알아서 하시죠, 뭐."

행복하게 나이 드는 공식. 신경옥 씨가 혹은 이 책 『F·book』이 바로 그 까다로운 공식을 푸는 데 새 발의 피만큼이라도 '좋은 참견'을 했었기를 바랍니다. 그러면 저희들은 더 이상 부러울 것 없이 행복할 것 같습니다.

제 앞가림도 못하면서 참견하기 좋아하는
〈에프북〉 에디터 일동

언니, 이제 그만 집에 가자\

F·book
신경옥이 사는 법
: 「작은 집이 좋아」에서 못다 한 이야기

초판 1쇄 발행 2014년 2월 25일
초판 2쇄 발행 2014년 3월 15일

지은이 | 신경옥
기획·진행 | f·book
　　　　　　김수경, 김연, 배수은, 박혜숙, 김진경, 최윤정
펴낸이 | 김우연, 계명훈
마케팅 | 함송이
디자인 | design group ALL(02-776-9862)
사진 | 이정민(물나무 02-798-2231)
교정 | 김혜정
인쇄 | 미래프린팅
펴낸 곳 | for book 서울시 마포구 공덕동 105-219 정화빌딩 3층
　　　　　　02-753-2700(판매) 02-335-3012(편집)
출판 등록 | 2005년 8월 5일 제 2-4209호

값 15,000원
ISBN 978-89-93418-76-7　　13590

본 저작물은 for book에서 저작권자와의 계약에 따라
발행한 것이므로 본사의 허락 없이는 어떠한 형태나 수단으로도
이 책의 내용을 사용할 수 없습니다.

※ 잘못된 책은 바꾸어 드립니다.

신경옥의 / 집

신옥에 산다는 것

女子, 한 권의 책이 되다

신경옥의 / 옷

F·book